Peter Ortmann

Mit Feng Shui erotisch wohnen

Das Chi strömen lassen –
die Lust wecken

FALKEN
Taschenbuch

Im FALKEN Verlag sind zahlreiche weitere Titel zum Themenbereich „Erotik und Partnerschaft und ganzheitliche Gesundheit" erschienen. Sie sind überall erhältlich, wo es Bücher gibt.

Besuchen Sie uns im Internet: **www.falken.de**

Der Text dieses Buches entspricht den Regeln der neuen deutschen Rechtschreibung.

Dieses Buch wurde auf chlorfrei gebleichtem und säurefreiem Papier gedruckt.

Originalausgabe
ISBN 3 635 60506 9

Umschlaggestaltung: martina eisele grafikdesign
Redaktion: Susanne Janschitz, München/Vera Baschlakow
Herstellung: Hermann Schneider
Zeichnungen: Daniela Schneider, Frankfurt/M.
Satz: DM-SERVICE Mahncke & Pollmeier GmbH & Co. KG, Rodgau
Druck: Freiburger Graphische Betriebe GmbH, Freiburg

Die Ratschläge in diesem Buch sind vom Autor und vom Verlag sorgfältig erwogen und geprüft, dennoch kann eine Garantie nicht übernommen werden. Eine Haftung des Autors bzw. des Verlags und seiner Beauftragten für Personen-, Sach- und Vermögensschäden ist ausgeschlossen.

817 2635 4453 6271

Mit Feng Shui
erotisch wohnen

Inhalt

Inhalt

Einleitung

Liebe, Erotik, Partnerschaft – in unserer Zeit der Reizüberflutung und tausendfachen Ablenkungen bleibt dieser zentrale Bereich des menschlichen Zusammenlebens oft auf der Strecke. Ehen zerbrechen, Liebesbeziehungen scheitern, und die Ratlosigkeit der Betroffenen lässt sie immer öfter zögern, überhaupt neue Bindungen einzugehen. Jedes Jahr steigt die Zahl der Singles, die Zahl derer also, die sich nicht mehr dem „Stress" eines emotionalen Sich-Einlassens aussetzen wollen und können. Die Psychotherapeuten haben Hochkonjunktur, die Partner- und Eheberatungsstellen sind überfüllt. Sind wir bindungsunfähig geworden?

Ich selbst bin im Laufe meines 46-jährigen Lebens durch eine Reihe von Partnerschaften gegangen. Ich habe die Dramen des Sich-auseinander-Lebens und der anschließenden Trennung hautnah erlebt. Auf eines bin ich in all diesen Seifenopern menschlicher Gefühle nicht gekommen: Dass es vielleicht zu einem Teil auch an meiner Wohnumgebung liegen könnte, warum es mir nicht gelang, ein langfristig erfülltes Liebesleben zu führen.

Bis ich vor ein paar Jahren in Kalifornien das Glück hatte, einen Feng-Shui-Meister kennen zu lernen. Der sagte mir, ich könne noch so viele Therapien machen, meine Kindheit und sogar meine Vorleben aufarbeiten: Wenn ich nicht mein Wohnumfeld so gestalte, dass die Lebensenergie – er nannte es wie seine chinesischen Lehrer **Chi** – fließen kann, dann kann ich nicht auf Dauer so glücklich sein, wie ich es mir wünsche. Ich bat ihn, mich darin zu unterweisen, wie ich das Chi aktivieren könne. Und er erzählte mir vom jahrtausendealten Wissen der Chinesen: Feng Shui, was soviel heißt wie „Wind und Wasser" und eigentlich „Fong Schuei" ausgesprochen wird.

Dieses alte Wissen lehrt, dass Chi, der kosmische „Atem des Drachen", die ungreifbare, aber allgegenwärtige Lebensenergie, langsam und sachte durch das ganze Haus gleiten muss, damit seine Bewohner Glück und Harmonie erleben. Mit Hilfsmitteln kann der Fluss des Chi verlangsamt oder angeregt und in günstigere Bahnen geleitet werden.

Als ich meine Wohnung daraufhin untersuchte, stellte ich fest, dass das Chi in der Tat an einigen Stellen abprallte und sein Fluss blockiert war. Der

Feng-Shui-Meister verstand es, mit ein paar einfachen Möbelumstellungen und durch das Anbringen einiger „Heilmittel", wie er es nannte, – es handelte sich dabei um Kristalle, Windspiele und Pflanzen – das Chi wieder zu harmonisieren und zum Fließen zu bringen. Ich bin zwar deswegen nicht gleich zum mehrfachen Familienvater geworden, aber meine Liebesbeziehung wurde in der Tat harmonischer.

Ich habe mich seither selbst intensiv mit der Feng-Shui-Lehre beschäftigt und das und meine oben geschilderte Erfahrung haben mich auch dazu bewogen, dieses Buch zu schreiben. Ich bin zwar selbst kein Feng-Shui-Meister, sondern Sachbuchautor und Journalist, aber ich empfinde diese Tatsache sogar als Vorteil. Denn ich kann Ihnen, liebe Leser, hier das Wissen und die Erfahrung, die ich mir angeeignet habe, so wiedergeben, dass Sie keinen Kurs in Chinesisch belegen und auch kein Fremdwörterbuch neben sich aufschlagen müssen, um die Grundprinzipien des Feng Shui verstehen und anwenden zu können. Ich erzähle Ihnen, was Sie ohne großen finanziellen Aufwand selbst tun können, um Ihre Wohnung nach Feng-Shui-Gesichtspunkten fit für die Liebe zu machen.

Zunächst einmal möchte ich Sie mit dem Grundwissen des Feng Shui vertraut machen. Im ersten Kapitel erfahren Sie:
+ wie Sie das Chi in Ihrer Wohnung zum Fließen bringen und warum das so wichtig ist
+ wie Sie sich Ihren individuellen Feng-Shui-Grundrissplan, genannt Bagua, erstellen
+ wie Sie die Energie der vier (abendländischen) Elemente nutzen
+ wie Sie nach den fünf Elementen der Chinesen wohnen
+ was diese fünf Elemente mit Erotik zu tun haben

Im zweiten Kapitel gehen Sie auf eine Reise zu sich selbst. Sie werden sich – und Ihren Partner – noch näher kennen lernen und herausfinden, welche Typen Sie beide nach der Fünf-Elemente-Lehre der Chinesen sind. Und dann können Sie nachlesen, worauf Sie bei Ihrer Kombination besonders achten sollten, um die gemeinsame Erotik optimal zu fördern. Viel Spaß auf dieser Entdeckungsfahrt!

Bevor Sie nun anfangen, Ihre Wohnung nach Feng-Shui-Gesichtspunkten umzustellen, sollten Sie unbedingt das dritte Kapitel lesen und die Tipps und Vorschläge darin berücksichtigen. Denn darin beschreibe ich Ihnen die Grundvoraussetzung, um das Chi zum Fließen zu bringen – und damit auch die Liebe anzuregen: die energetische Hausreinigung. Damit meine ich nicht nur das Aufräumen und Putzen und die Befreiung Ihrer Wohnung von Ballast, obwohl das leider auch dazugehört. Vielmehr möchte ich Sie in ein paar Rituale einweihen, mit denen Sie Ihr Heim zu einem Kraftort aufladen können. Probieren Sie es einmal aus! Sie werden von den Ergebnissen verblüfft sein.

Nachdem Sie nun also Ihre Wohnung so vorbereitet haben, können Sie darangehen, sich Ihr Liebesnest zu schaffen. Darum geht es im vierten Kapitel. Sie erfahren:

✦ was Sie benötigen, um ruhig und erholsam schlafen zu können
✦ wo Ihr Schlafzimmer innerhalb der Wohnung liegen sollte und was bei der Einrichtung zu beachten ist
✦ wie Sie es „entstören" können, damit das Chi frei fließt
✦ wie Sie auch die übrigen Räume Ihrer Wohnung fit für die Liebe machen

Schließlich packen wir die Feng-Shui-Trickkiste aus. Im fünften Kapitel stelle ich Ihnen Chi-Anreger vor, die Ihr Liebesleben auf Touren bringen werden: Natürliche Lustmittel, Rezepte für Liebesmenüs, aphrodisierende Drinks, Liebestees, erotische Düfte – ein wichtiger Bestandteil eines anregenden Chi-Flusses – und romantische Badezusätze.

Schließlich lernen Sie im sechsten und letzten Kapitel die zehn Heilmittel kennen, die – mit wenig Aufwand und ohne große Kosten – aus Ihrem Heim ein Energiezentrum machen. Hier lesen Sie alles über Farben, Spiegel, Beleuchtung, Kristalle, Töne, lebende Objekte, natürliche Gegenstände, Wasserspiele, Windspiele und Kunstgegenstände, die Ihnen ein erotisches Wohnumfeld schaffen.

Bleibt mir nur noch, Ihnen viel Spaß bei der Umgestaltung Ihrer Wohnung nach den Prinzipien des Feng Shui zu wünschen. Ich verspreche Ihnen, Sie werden es nicht bereuen – und Ihr jetziger oder zukünftiger Partner auch nicht!

Feng Shui – Die Kunst des harmonischen Wohnens

Die Feng-Shui-Meister lehren, dass Chi eine Energie ist, die **jedem** Gegenstand, also nicht nur lebenden Wesen, innewohnt. Wie oft kommt es vor, dass Sie einen Raum betreten, und Ihr erster Eindruck ist: „Oh, was ist es hier gemütlich." Oder aber Sie verspüren gleich nach dem Betreten den Wunsch, so schnell wie möglich das Weite zu suchen. Was Sie spüren, ist die Chi-Kraft dieses Raumes. Jeder Mensch, jedes Tier, alle Räume und Gebäude verfügen über Chi. Sicher haben Sie schon einmal die Erfahrung gemacht, dass Ihnen bestimmte Menschen spontan sympathisch sind, obwohl Sie überhaupt nichts über sie wissen. Bei anderen jedoch, auch wenn sie optisch vielleicht sogar besonders ansprechend wirken, nehmen Sie dagegen „irgendetwas" wahr, das Sie stört. Auch das ist das Chi. Diese Menschen haben, obwohl äußerlich alles bei Ihnen stimmt, schlecht verteiltes Chi, eine ungesunde Energieausstrahlung, die mit Ihrer nicht harmoniert. Und genau das nehmen Sie unterbewusst wahr. Das ist Ihr erster Eindruck.

Die Chinesen beschäftigen bereits beim Bau von Gebäuden Feng-Shui-Meister, deren wichtigste Aufgabe es ist, den Fluss des Chi zu überwachen. Sie sind von Anfang an dabei, beaufsichtigen die Wahl des Bauplatzes, beobachten dessen Umgebung, achten auf die Wahl der verwendeten Materialien und später auf die Auswahl der Einrichtung. Dabei helfen ihnen ihre jahrzehntelange Erfahrung und ihre sichere Intuition.

Wie bereits erwähnt, ist Chi nicht nur auf lebendige Wesen beschränkt, sondern auch jeder Gegenstand schwingt in seiner eigenen Energie. Ziel des Feng Shui ist deshalb, die jedem Gegenstand innewohnende Energie möglichst optimal so einzusetzen, dass sie ungestört fließen kann. Im Feng Shui werden Gebäude als lebende Körper angesehen, die ihren Inhalt – die darin lebenden Menschen – unterstützen, ja, sogar nähren sollen. Eine Wohnung erfüllt deshalb ihren Zweck, wenn man sich in ihr geborgen, sicher aufgehoben wie in einem Nest fühlt, dort auftanken kann und sie anschließend wieder gestärkt verlässt. Um in einem Gebäude gutes Chi zu haben, ist keine luxuriöse Innenausstattung erforderlich. Gerade im persönlichen Heim genügen oft kleine Gegenstände, die für die Bewohner mit angenehmen Erinnerungen verbunden sind, wie Steine, Fotos, Muscheln, Bücher, um gutes Chi zu spüren. Gewöhnen Sie sich an, selbst bei kleinen Dingen, die Ihnen auf den ersten Blick vielleicht unwichtig erscheinen, gleich auf Ihren ganz persönlichen ersten Eindruck zu achten. So schulen Sie Ihre Intuition und werden immer sicherer im Umgang mit dem Chi. Fangen Sie bei sich selbst an und fragen Sie sich, wie Sie sich fühlen. Beginnen Sie, „wahr"-zunehmen und nehmen Sie Ihre Eindrücke ernst. Wir werden leider in unserer Gesellschaft schon von Kindheit an so konditioniert, dass wir selbst gar nicht mehr wissen und sagen können, wie es uns geht. Oftmals macht uns erst eine Krankheit klar, dass wir uns schon längere Zeit nicht wohl gefühlt haben. In China werden die Ärzte nicht für die Heilung von Krankheiten bezahlt, sondern dafür, dass sie ihre Patienten gesund erhalten. Wir wissen jedoch oft gar nicht, was es genau ist, das uns gesund erhält; wir halten uns gerade, reißen uns zusammen, halten uns zurück. Und vergewaltigen uns damit selbst und bauen Blockaden auf. Dies sind die denkbar schlechtesten Voraussetzungen für das Fließen von Chi.

Erotisches Wohlbefinden durch das Fließen des Chi

Um Ihr erotisches Wohlbefinden in Ihrer Wohnung zu unterstützen oder anzuregen, sollten Sie ein paar einfache Grundregeln beachten:

1. Wie fühlen Sie sich, wenn Sie Ihren Schlafraum, oder den Raum, wo sich Ihre erotischen Aktivitäten hauptsächlich abspielen, betreten? Gutes Chi ist immer dort, wo viel Lebendiges ist: Licht, Blumen, Wasser. Versuchen Sie deshalb, diese Elemente in Ihre Wohnung zu bringen. Wenn Sie wenig Ausblick auf eine grüne Umgebung haben, dann schaffen Sie sich selbst eine: Stellen Sie Grünpflanzen auf, kaufen Sie sich einen kleinen Zimmerbrunnen, verwenden Sie Kerzen. Was Sie dabei im Einzelnen beachten sollten, lesen Sie im Kapitel „So schaffen Sie sich Ihr Liebesnest."

2. Achten Sie darauf, welche Gegenstände Sie in der Nähe des Bettes platziert haben. Wenn Sie sie berühren, welches Gefühl haben Sie dann? Stellen Sie Kleinigkeiten wie Fotos, Reiseerinnerungen, Steine etc. nur dann auf, wenn Sie dazu auch einen persönlichen Bezug haben. Für Ihre jetzige Beziehung ist es beispielsweise ungünstig, wenn Sie noch ein Foto Ihres letzten Liebsten in der Nachttischschublade verwahren, auch wenn es gar nicht offen sichtbar ist. Aber seine Energie wirkt – und zwar als Blockade gegen Ihre neue Beziehung. Haben Sie vielleicht ein Schmusetier von Ihrem Ex-Lover geschenkt bekommen, das noch Ihr Bett „bewacht"? Verschenken Sie es oder verkaufen Sie es auf dem Flohmarkt. Mit Geschenken sind Erinnerungen verknüpft. Und so, wie unser Gedächtnis oft jahrzehntelang Erfahrungen speichert und sich dann aufgrund eines Duftes oder Geräusches daran erinnert, so sind die mit einem Gegenstand verbundenen Gefühle ständig präsent. Wenn Sie also **neue** erotische Energie zulassen wollen, trennen Sie sich von solchen alten Geschenken – vor allem, wenn sich diese in Ihrem Schlafraum befinden.

3. Bevor Sie Ihr Liebesspiel beginnen oder sich auch nur in Ihrem Schlafraum entspannen, sollten Sie sich reinigen. Das heißt nun nicht unbedingt, dass Sie duschen müssen – obwohl ein gemeinsames Bad natürlich ein wunderbarer Auftakt zu einem entspannenden oder erregenden Abend sein kann.

Aus energetischer Sicht reicht es hingegen schon, wenn Sie sich nur gedanklich von der Welt außerhalb Ihrer Wohnung mit ihren vielen ungefilterten Eindrücken verabschieden. Sie können dies bereits mit dem Herumdrehen des Schlüssels in der Wohnungstür machen. Wichtig ist nur, dass Sie kein negatives Chi, zum Beispiel Gedanken an den Unmut und Ärger anderer Menschen oder Ihre eigenen Sorgen und Belastungen mit in Ihren Schlafbereich nehmen. Versuchen Sie, Ihre Gedanken an den Alltag loszulassen, bevor Sie Ihren Wohn- und Schlafbereich betreten. Je mehr Sie in Ihren eigenen Räumen entspannen können, desto besser wird das Chi dort zirkulieren. Wirkliche Entspannung erreichen Sie nur durch Loslassen. Wenn Sie also nach einem harten Arbeitstag mit vielen, vielleicht auch unangenehmen Kontakten zu anderen Menschen Ihre Räume betreten, ist es wichtig, diese negativen Energien abzustreifen, sich von ihnen zu reinigen.

Hierzu eignen sich hervorragend Entspannungsmethoden wie Autogenes Training oder Yoga. Oft ist es bereits ausreichend, wenn Sie sich einfach ruhig auf den Boden legen und ein- und ausatmen. So können Sie sich erden und Verbindung mit sich selbst aufnehmen. Bleiben Sie ein paar Minuten auf dem Boden liegen. Wenn es Ihnen gefällt, hören Sie dabei eine Kassette mit meditativer Musik – oder lauschen Sie einfach Ihrem Atem. Wenn Sie aufstehen, werden Sie feststellen, dass Sie sich entspannter fühlen. Der Abend kann beginnen.

4. Gehen Sie intuitiv mit Ihrer Wohnung und den dort befindlichen Gegenständen um. Wenn sie nach einer Reise nach Hause kommen und vielleicht das Gefühl haben, jetzt einiges verändern zu müssen, dann tun Sie es. Was Ihnen Ihr Unterbewusstsein mit diesem Wunsch signalisiert, ist das in Ihnen bestehende Bedürfnis nach Veränderung, dem Sie zunächst mit der Reise nachgekommen sind und das jetzt auch in Ihrer Wohnung Ausdruck finden möchte. Wenn Sie sich in Ihren vier Wänden erotisch angeregt fühlen wollen, so ist es sehr wichtig, der Intuition zu folgen. Dies kann bedeuten, dass Sie, gerade nach einer längeren Reise, das Bedürfnis haben, neue Dinge in Ihre Wohnung zu bringen, sich von bestimmten Gegenständen zu trennen oder sie einfach nur anders zu platzieren. Vertrauen Sie diesem Bedürfnis und nehmen Sie diese Veränderungen vor. Ihr neues Selbst, das Sie von einer Reise mitgebracht haben, will von den äußerlich sichtbaren Veränderungen in Ihrer Wohnung genährt werden. Chi ist nichts Statisches, sondern es verändert sich ständig, genau wie Sie. Gehen Sie mit diesen Veränderungen mit, so erlauben Sie sowohl Ihrem Körper-Chi als auch dem Chi Ihrer Umgebung ungehindert zu fließen. Ihrer Erotik wird das zugute kommen, denn auch sie ist ein wildes, ungezügeltes Kind, das ständig neue Energie benötigt!

Wenn wir jedoch meinen, dass eine Veränderung gar·nicht in unser derzeitiges Lebenskonzept passt und wir am Alten festhalten und „vernünftig" sein wollen, so können wir oft feststellen, dass wir uns durch unsere Umgebung ausgelaugt fühlen, als ob unsere Energie in einem großen Schwarzen Loch verschwindet. Obwohl wir Lust hätten, unsere Wohnumgebung nach unseren Wünschen zu gestalten, verharren wir in unseren alten Mustern. Nach und nach erleben wir, dass uns jegliche Energie verloren geht, was kein Wunder ist: Wenn wir unseren unbewussten Wünschen nach Veränderung nicht nachkommen, so verhält sich unsere Wohnumgebung wie ein riesiger Magnet oder Anker, der all unsere alten Verhaltensmuster widerspiegelt und uns damit permanent auslaugt. Sobald Sie erkannt haben, dass ein Wechsel Ihrer Umgebung oft die großen Veränderungen Ihres Lebens gespiegelt hat, können sie dieses Wissen gezielt einsetzen. „Verändere 27 Dinge in deiner Wohnung, wenn du dein Leben verändern willst!", sagen die Chinesen. Beginnen Sie jetzt!

Bitte machen Sie jedoch nicht den Fehler, jetzt ständig mit einem „Feng-Shui-Leitfaden" in der Hand Ihre Wohnung zu kontrollieren. Lassen Sie sich Zeit mit den Veränderungen und spielen Sie zunächst einmal ein wenig mit Ihrem Interieur. Wenn Sie eine Veränderung aufgrund der Vorschläge in diesem Buch vornehmen, lassen Sie sie auf sich wirken. Beobachten Sie, was in den kommenden drei Wochen geschieht, seien Sie geduldig und offen für Neues. Wenn sich Ihr Befinden und das der mit Ihnen lebenden Menschen in diesem Zeitraum positiv verändert, können Sie einen weiteren Vorschlag ausprobieren. Sonst empfiehlt es sich, zunächst die erste Veränderung rückgängig zu machen oder vielleicht zu variieren, bis es sich „richtig" anfühlt und Ihnen gut tut. Entscheiden Sie individuell und hören Sie auf sich selbst, auf ihre innere Stimme, die Ihnen niemand (und auch kein Buch) ersetzen kann. Bei allem, was Sie ausprobieren, ist am wichtigsten, wie **Sie** sich dabei fühlen. Sie müssen jetzt nicht auf Teufel komm raus Ihre Wohnung total verändern. Sie sind es, die oder der darin lebt, und maßgeblich ist deshalb Ihr Befinden. Daran sollten Sie sich bei jedem der Vorschläge in diesem Buch orientieren. Sie müssen auch nicht sklavisch alles ausprobieren. Erwarten Sie keine Wunder und setzen Sie sich selbst nicht unter Zwang. Spielen und experimentieren Sie. Hier sind einige Anregungen:

Chi ist ständig fließende Energie. Wenn Sie für eine erotische Atmosphäre in Ihrer Wohnung sorgen wollen, sollten Sie daher regelmäßig aufräumen und dafür sorgen, dass Dinge, für die Sie keine Verwendung mehr haben, einer anderen Bestimmung zugeführt werden. An allen Stellen, wo Gegenstände seit längerer Zeit verstaut sind, weil Sie sie nicht mehr verwenden, kann keine Energie mehr fließen. Werfen Sie also weg, was Sie nicht mehr brauchen. Kleidung, Schuhe oder Bücher, die Ihnen nicht mehr dienen, können Sie einer gemeinnützigen Organisation zugute kommen lassen. Kleinere Gegenstände, die einzeln herumliegen und dadurch viel Platz beanspruchen, sollten Sie zusammenräumen und in Schachteln oder im Schrank verstauen.

Damit Ihre Räume nicht zu viel ungünstiges Chi aufnehmen, sollten Sie überlegen, wen Sie zu sich in die Wohnung einladen. Sicher werden Sie schon bemerkt haben, dass Sie sich nach dem Besuch mancher Menschen schlechter fühlen als zuvor, auch wenn es gar keine äußeren Unstimmigkeiten gab, die dafür verantwortlich sein könnten. Ihr Energiepegel hat sich verändert, weil diese Menschen belastendes Chi mit sich bringen. Überlegen Sie genau, ob es nötig ist, sich mit diesen Menschen weiter zu treffen. Wenn Sie den Kontakt, aus welchen Gründen auch immer, weiter aufrechterhalten wollen, vereinbaren Sie künftig einen Treffpunkt außerhalb Ihrer Wohnung. Um sich erotisch, also lebendig zu fühlen, ist es unabdingbar, dass Sie Ihr eigenes Energiefeld vor dem Kontakt mit energetisch Schwächeren schützen. Haben Sie nach einem solchen Kontakt das Gefühl, Sie müssten sich duschen, so ist dies ein deutlicher Wunsch Ihres Körpers, sein bisheriges Energieniveau durch eine Reinigung wieder herzustellen.

Auch Ihre Wohnung sollten Sie nach einem unangenehmen Besuch reinigen: Räumen Sie alles weg, was mit dem Besuch in Verbindung steht. Gehen Sie durch alle Räume, die Ihr Besuch betreten hat, und klatschen Sie laut in die Hände. Scheuen Sie sich nicht, dabei auszusprechen, was genau Sie wieder herstellen wollen, beispielsweise: „Hier soll starke Energie sein." Wenn Sie in bestimmten Ecken das Gefühl haben, dass dort eine besondere energetische Schwäche herrscht, klatschen Sie mehrmals in die Hände. So lange, bis Sie das Gefühl haben, die Energie dort wieder hergestellt zu haben. Wenn Sie das Ritual beendet haben, waschen Sie besonders sorgfältig Ihre Hände, um das ungünstige Chi, das jetzt daran haftet, abzuwaschen und damit loszuwerden.

Sie können dieses Ritual auch mit einem Musikinstrument, einer Rassel, Trommel oder Glocke machen. Nehmen Sie ein Instrument, zu dem Sie eine besondere Verbindung haben. Wenn Sie selbst mit dem Klang des Instruments mitschwingen können, hat dies die größte reinigende Wirkung.

Die Energie der vier Elemente nutzen

Um das Chi zu erneuern und seinen Fluss zu harmonisieren, können Sie auch die vier Elemente Feuer, Wasser, Luft und Erde einsetzen:

Gehen sie mit einer brennenden Kerze durch die Wohnung. Konzentrieren Sie sich dabei auf die Absicht Ihres Tuns. Am besten geht dies, wenn Sie laut oder leise den Wunsch sprechen, den Sie mit Ihrem Feuerrundgang verbinden, beispielsweise: „In diesem Raum soll Liebe herrschen." Halten Sie das Licht in alle Ecken, die einer Reinigung bedürfen. Achten Sie jedoch auf Vorhänge, Decken und Ähnliches, um sich nicht zu gefährden.

Dasselbe können Sie statt mit Feuer auch mit Wasser machen. Füllen Sie eine Schale damit. Gehen Sie ruhig und gelassen durch Ihre Wohnung und versprühen Sie einige Tropfen davon in die Ecken und auf die Möbel. Sie können dem Wasser auch noch etwas Duftöl beimischen – Vorsicht jedoch bei lackierten Oberflächen: Einige Lacke bekommen von ätherischen Ölen Flecken. Auch hier sollten Sie bei Ihrer Tätigkeit gedanklich einen Satz sagen, der Ihnen hilft, gedanklich konzentriert zu bleiben und der Ihren Wunsch energetisch verstärkt.

Das Element Luft hilft Ihnen in Form von Räucherstäbchen bei der Reinigung Ihres Zuhause. Für Räucherungen können Sie auch sehr gut getrockneten Salbei verwenden, den Sie in erotischen Buchhandlungen erhalten. Legen Sie ihn in eine feuerfeste Schale, vielleicht mit etwas Sand als Unterlage, und zünden Sie das Büschel an. Lassen Sie in jedem Zimmer genügend Rauch aufsteigen. Sie können auch immer das jeweilige Element darum bitten, für gute Energie in Ihrer Wohnung zu sorgen. Sagen Sie also: „Luft, hilf mir, frische Energie in meine Räume zu tragen."

Das klassische Reinigungsmittel, das dem Element Erde entspricht, ist Salz. Verwenden Sie ruhig das handelsübliche Kochsalz. Streuen Sie ein wenig davon insbesondere in die Ecken der Wohnung und sprechen Sie dazu Ihren Wunsch. Das Salz sollte mindestens 24 Stunden dort liegen bleiben, um seine volle Wirkung entfalten zu können.

Das Bagua:
Der Grundriss Ihres Energieflusses

Um ganz schnell festzustellen, in welchen Bereichen Ihres Hauses Veränderungen für einen besseren Fluss des Chi vorgenommen werden sollten, arbeiten Sie am besten mit dem Bagua. Es ist sozusagen eine Art Landkarte, aus der wir ganz genau ersehen können, welcher Bereich unseres Wohnraums gestärkt werden kann. Bagua geht auf ein altes chinesisches Zahlenquadrat zurück und ist eines der wichtigsten Instrumente eines Feng-Shui-Beraters. Seine Form basiert auf dem Grundsymbol des chinesischen I Ging, einem der ältesten Weisheitsbücher der Menschheit. Ursprünglich ist das Grundsymbol des I Ging ein gleichseitiges Achteck. Aus ihm erwuchs das Bagua. Die achteckige Form galt im alten China als äußerst vorteilhaft und glücksbringend. Da den meisten Wohnungsgrundrissen jedoch ein Rechteck zugrunde liegt, wird hierzulande mit dem Quadrat und der Rechteckform gearbeitet. Das Bagua ist in acht bzw., wenn man die Mitte hinzunimmt, neun Felder unterteilt. Die Mitte wird „Tai Chi" genannt und stellt das Energiezentrum dar. Die acht Felder am Rand symbolisieren die wichtigsten Bereiche im Leben eines jeden Menschen: Wohlstand, Anerkennung, Partnerschaft, Familie, Kinder, Wissen, Karriere, Freunde und Helfer. Mithilfe des Bagua werden in den asiatischen Ländern Wohnräume und Büros geplant und Standorte festgelegt, die mit den verschiedenen Lebensbereichen übereinstimmen. Nach der Feng-Shui-Lehre verstärkt sich das Glück der Bewohner eines Hauses, wenn das Bagua beim Bau und der Einrichtung eines Hauses beachtet wird. Die Anwendung der Bagua-Regeln ist eine der kraftvollsten Methoden des Feng Shui. Sie können oft zu geradezu magischen Veränderungen im Leben der Bewohner eines Hauses führen. Mit seiner Hilfe können Wohnräume, Bürogebäude, Gärten und sogar Möbel energetisch günstig ausgerichtet werden. Dass die Anwendung des Bagua zu so erstaunlichen Ergebnissen führen kann, erklärt sich aus der Kombination zweier Kräfte: An der erstaunlichen Wirkung sind zum einen die Kräfte des I Ging, des chinesischen Weisheitsbuchs beteiligt. Außerdem ist für das Funktionieren ganz wichtig, dass der Bagua-Anwender die ernsthafte Absicht hat, sein Leben positiv zu verändern. Wenn jemand in seinem Inneren diesen Wunsch verspürt, dann können Veränderungen in seinem Wohnumfeld, die nach dem Bagua vorgenommen werden, ihn in seiner Absicht energetisch unterstützen. Das gewünschte Ergebnis kann auf diese Weise viel schneller erreicht werden. In den meisten Fällen ist eine Verbesserung noch vor Ablauf eines Monats eingetreten. Sollte dann noch keine spürbare Wende eingetreten sein, so können Sie immer noch erwägen, einen Feng-Shui-Fachmann noch einmal die bisher vorgenommenen Veränderungen prüfen zu lassen. Lassen Sie sich aber nicht davon abhalten, zunächst einmal selbst nach den Anleitungen und Tipps dieses Buches vorzugehen. Wenn Sie dabei Ihren Instinkt nicht außer Acht lassen, so dürften Sie sehr wohl selbst in der Lage sein, das Chi in Ihrer Wohnung durch die Anwendung der Bagua-Regeln entscheidend zu verbessern.

Wir können anhand der Bagua-Unterteilung die Energiequalitäten unseres Wohnumfeldes prüfen, und zwar angefangen von der gesamten Wohnung über das einzelne Zimmer bis hin zum Schreibtisch. Die Bereiche des Bagua sind unseren verschiedenen Lebenszielen zugeordnet und können durch das bewusste Einrichten und Gestalten des Zimmers bzw. der Wohnung so aktiviert werden, dass Sie in den entsprechenden Lebensbereichen zukünftig glücklicher und erfolgreicher werden.

So zeichnen Sie Ihren individuellen Bagua-Plan

Um das Bagua überhaupt anwenden zu können, ist es erforderlich, dass Sie einen Grundriss Ihrer Wohnung besitzen oder mit einem möglichst maßstabsgenau gezeichneten Schema arbeiten. Darauf legen Sie ein Transparentpapier, auf dem Sie jetzt lediglich die Außenwände des Grundrisses nachzeichnen. Sie können jetzt den Grundriss unter dem Transparentpapier entfernen. Auf dem Transparentpapier unterteilen Sie Ihre Fläche mit zwei Längs- und zwei Querstrichen in neun gleichmäßige Quadrate oder Rechtecke. In diese tragen Sie die einzelnen Bezeichnungen des unten stehenden

Baguas ein, beginnend links unten mit „Wissen", daneben „Karriere" usw. Nun legen Sie das so beschriftete Transparentpapier wieder auf Ihren Wohnungsgrundriss. Beachten Sie dabei, dass die Eingangstür auf der Grundlinie eines der Felder „Wissen", „Karriere" oder „Freunde und Helfer" liegen muss.

Sie können jetzt ersehen, in welchen Bereichen des Bagua welche Zimmer liegen. Dabei ist es durchaus möglich, dass ein Aspekt des Bagua mehrere Zimmer oder auch nur einen Teilbereich umfasst. Wenn Sie über mehrere Etagen wohnen, so gehen Sie jedes Stockwerk einzeln durch. In den oberen Stockwerken gilt dabei jeweils der Treppenaufgang als Eingang.

Die neun Bereiche des Baguas

Wohlstand	Anerkennung	Liebe Partnerschaft Beziehungen
Familie	Tai Chi	Kinder und Kreativität
Wissen und Weiterbildung	Karriere	Freunde und Helfer

Liebe, Partnerschaft und Beziehungen

„Partnerschaft" steht in erster Linie für die Beziehung zum Lebens- oder Ehepartner. Hierunter fallen jedoch auch die Bekanntschaften, die wir zu Freunden, Nachbarn, Kollegen usw. pflegen. Ideal wäre natürlich, wenn dieses Feld auf dem Grundriss mit Ihrem Schlafzimmer übereinstimmen würde. Erotische Energie ist aber natürlich auch dann gegeben, wenn im Bereich „Partnerschaft" ein anderer Raum liegt, in dem Gemeinsamkeiten stattfinden, beispielsweise das Wohnzimmer. Manche Paare finden ohnehin ihre Gespräche weitaus erotischer und anregender als das, was sie im Schlafzimmer austauschen.

Stellen Sie also zunächst fest, wie Sie Ihre Erotik zu Hause leben: Sind es tatsächlich die wilden Spiele, die Sie beide anziehen, wäre es günstig, wenn der Bereich „Partnerschaft" im Bagua mit Ihrem Schlafzimmer übereinstimmt. Wenn Sie Ihre Erotik eher intellektuell ausleben, ist es eher unerheblich, in welchen Bereich Ihr Schlafzimmer fällt. Achten Sie nur darauf, dass es nicht gerade der Bereich „Anerkennung" ist, da dann die Qualität Ihrer Partnerschaft stark vom Urteil anderer abhängig werden könnte. Unbedingt tätig werden sollten Sie, wenn ein Kinderzimmer in diesen Bereich fällt, da sonst die Gefahr besteht, dass Sie den Bereich „Partnerschaft" auf das in diesem Zimmer lebende Kind projizieren. Versuchen Sie, das Kinderzimmer möglichst in einen anderen Raum zu verlegen.

Sie können Ihre erotische Energie auch verstärken, wenn Sie in der Partnerschaftsecke, die ja auch jedes einzelne Zimmer im rechten hinteren Bereich aufweist, eine Erinnerung anbringen, die für Sie als Paar wichtig ist. Singles sollten, falls Sie auf Partnersuche sind, ihr Bett in diese Ecke stellen. Oft konnten so schon überraschend schnell Erfolge erzielt werden!

Tai Chi: Das Energiezentrum

Das zweite wichtige Feld für die erotische Balance in Ihren Wohnräumen ist das „Tai Chi" in der Mitte des Baguas. Stellen Sie anhand der oben beschriebenen Methode fest, welches Zimmer in Ihrem Zuhause genau in der Mitte liegt. Achten Sie darauf, dass sich in diesem Bereich des Hauses oder der Wohnung keine Störfaktoren wie Mauern, Regale oder eine Treppe befinden. Sollte dies der Fall sein, so sollten Sie für Ausgleich in Form einer

Pflanze oder eines Mobiles sorgen. Die Mitte eines Zimmers eignet sich hervorragend zur Konzentration, zu Yoga- und Meditationsübungen. Wenn Sie dort einen Kristall platzieren, erhöht sich die Konzentration und Ruhe spendende Atmosphäre. Tiere und Kinder haben sich ihren instinktiven Sinn für die Mitte meist bewahrt. Wundern Sie sich jetzt noch, warum Ihre Katze oder Ihr Hund meist die Mitte des Raumes zum Ausruhen bevorzugt oder warum Ihre Kinder gerade in der Mitte des Wohnzimmers so gerne all ihre Spielsachen ausbreiten?

„Tai Chi" steht für den Bereich unserer eigenen Mitte, also für unsere seelische und körperliche Gesundheit und Ausgeglichenheit. Genussvolle Erotik und befriedigende Beziehungen können wir nur leben, wenn wir seelisch und körperlich im Gleichgewicht sind. Fühlen wir uns nicht wohl, so haben wir meist auch kaum Interesse an heißen Liebesspielen. Achten Sie also darauf, welches Zimmer im Tai-Chi-Bereich liegt. Es sollte sich um einen Raum handeln, in dem Sie Energie schöpfen können, in dem Sie auftanken und Ihre Seele baumeln lassen können. Ideal wäre das Wohnzimmer – aber nur, wenn Sie sich dort auch wirklich wohl fühlen – oder ein (kleines) Zimmer, in dem Sie einfach nur entspannen.

Wissen und Weiterbildung

Der Bereich „Wissen" umfasst sowohl unser intellektuelles Wissen, also alles, was wir im Laufe unseres Lebens gelernt haben, als auch unsere intuitive Kenntnis und Erkenntnis von den Dingen des Lebens. Dort ist ein guter Platz, um in sich hineinzuhorchen und sich zu fragen, was einem wirklich wichtig ist. Im Wissen-Bereich eines Zimmers wäre deshalb ein guter Platz für einen Schreibtisch. Auch Bücher verstärken die Energie dieses Bereiches. Wenn Sie dort Ihre Leseecke platzieren und beim Schmökern eines Buches einmal einnicken, könnten Ihnen gewisse Erkenntnisse richtiggehend im Schlaf zufallen.

Karriere: Entwicklung und Berufung

„Karriere" umfasst den bisherigen Lebensweg sowie die körperlichen, seelischen und geistigen Entwicklungen, die ein Mensch noch vor sich hat. Sie werden bemerken, dass die Bereiche „Karriere" und „Wissen" in China weit umfassender als im Westen gesehen werden: Nicht nur intellektuelles Wissen oder die berufliche Karriere sind erstrebenswert. Der Mensch wird stets als Ganzes gesehen und deshalb legt man auch großen Wert auf seine seelische und emotionale Entwicklung und auf Erfahrung nicht nur im beruflichen Bereich. Achten Sie darauf, dass Sie in diesem Bereich nicht ausgerechnet Ihre Ablage eingerichtet haben oder sich dort Dinge befinden, die Sie an unangenehme Pflichten erinnern, die Sie erledigen wollen und vielleicht ständig vor sich herschieben. Hier sollte die Energie, das Chi, ohne Hindernisse frei fließen – damit Ihrer Karriere auch im wahrsten Sinn des Wortes nichts „im Wege steht". Sinnvoll wäre deshalb hier ein Gegenstand, der mit Wasser, das den freien Fluss der Dinge symbolisiert, in Verbindung steht: eine mit Wasser gefüllte Vase oder ein Krug, vielleicht sogar ein Zimmerbrunnen oder ein Aquarium. Auch ein Bild, das Wasser oder die Farbe Blau zeigt, reicht aus, um für gute Energie zu sorgen, sofern Sie sich von ihm angezogen fühlen. Sie können hier auch Symbole Ihrer Karriere anbringen, etwa Ihr Diplom oder Auszeichnungen und Preise, die Sie gewonnen haben.

Unterstützung von außen: Freunde und Helfer

„Freunde und Helfer" im Bagua sind nicht nur die tatsächlichen Freunde und Bekannten, die wir haben, sondern auch die scheinbar unerklärlichen Zufälle, die uns immer wieder helfen, unseren Weg im Leben zu finden und ihn zielstrebig zu gehen. Dieser Bereich umfasst das gesamte Netzwerk an Beziehungen, das uns umgibt, von dem wir geschützt, unterstützt und geleitet werden. Hierzu zählen insbesondere Förderer, unsere „väterlichen" und „mütterlichen" Freunde, die immer für uns da sind, und uns an ihrem reichen Erfahrungsschatz teilhaben lassen. Diesen Bereich können Sie ebenfalls durch das Element Wasser, Gegenstände, die mit Wasser gefüllt oder blau sind, am Fließen halten.

Unsere Herkunft: die Familie

„Familie" bezieht sich auf alle Vorfahren, Onkel, Tanten, Großeltern, Eltern und auch ältere Geschwister, die eine wegweisende Rolle in unserem Leben spielen. Deshalb zählen hierzu auch unsere Lehrer und die Menschen, von denen wir lernen können. In diesem Bereich der Wohnung wäre das Esszimmer oder der Esstisch gut platziert, an dem die Familie gemeinsame Mahlzeiten einnimmt und ihre Probleme bespricht. Innerhalb eines Zimmers wäre die „Familien"-Ecke der geeignete Bereich, um Fotos von geliebten Familienmitgliedern aufzuhängen. Kinder zählen allerdings nicht zum Bereich „Familie", sondern ihre eigene Bagua-Zone liegt genau gegenüber.

Kinder, Kreativität, Produktivität

Auch der Bereich „Kinder" im Bagua ist umfassend zu verstehen: Hierunter fallen nicht nur unsere leiblichen Söhne und Töchter, sondern alles, was unser „geistig Kind" ist, also Ziele und Projekte im Leben, in die wir Energie gesteckt und für deren Verwirklichung wir uns eingesetzt haben. Wer nach einer zündenden Idee sucht und ständig kreative Impulse benötigt, tut gut daran, diesen Bereich mit Symbolen des Wachstums lebendig zu halten: Blühende Pflanzen sind hervorragend dazu geeignet. Stellen Sie hier Dinge auf, die Ihre Sinne ansprechen und in Ihnen die Lust auf Leben wecken. Legen Sie in diesem Bereich lieber kein Sammellager für Ihre alten Zeitschriften an. Sie dürfen sich sonst nicht wundern, wenn Sie nur Ideen haben, die bereits ein anderer zu Papier gebracht hat.

Wohlstand und Fülle

„Wohlstand" umfasst geistigen und materiellen Reichtum, demzufolge nicht nur Besitz, Status und Vermögen sondern auch das emotionale und geistige Potenzial, über das wir verfügen, und das wir zur Anwendung bringen sollten. Um den Wohlstand anzuregen, bevorzugen die Chinesen ein Aquarium. Sicherlich haben Sie dieses bereits in jedem chinesischen Restaurant entdecken können. Auch rote Gegenstände sollen das Geld anziehen, deshalb wäre in dieser Zone auch ein Obstkorb mit frischen roten Früchten oder eine rot blühende Pflanze gut platziert.

Anerkennung und Ruhm

„Anerkennung" schließlich ist im Bagua die Energie, die uns von anderen Menschen aufgrund unseres Ansehens zuteil wird, die Wertschätzung, die wir aufgrund unserer gesamten Persönlichkeit von anderen erhalten. Dafür sind nicht Ruhm und Macht die Voraussetzung sondern eine natürliche Autorität und Integrität, die wir ausstrahlen. Diese ist völlig unabhängig von jeder weltlichen Position und kommt allen Menschen, besonders denen in unserem nächsten Umfeld, zugute. Unterstützend wirkt in diesem Bereich die Farbe Rot. Achten Sie also darauf, in diesem Bereich des Hauses oder des Zimmers einen roten Gegenstand zu platzieren, falls Sie nicht eine starke Abneigung gegen diese Farbe haben. Eine kraftvolle Wirkung können in diesem Zusammenhang Heil- und Edelsteine entfalten, etwa ein roter Karneol oder ein roter Jaspis.

Beachten Sie, dass das Bagua nicht nur für die gesamte Wohnung gilt, sondern auch für jedes einzelne Zimmer. Jedes Zimmer hat also seinen „Wissen"-, seinen „Familien"-Bereich usw. Sie können daher ein Zimmer gezielt so einrichten, dass die einzelnen Bereiche mit den Bagua-Zonen übereinstimmen. Damit erreichen Sie einen optimalen Fluss des Chi – nicht nur im jeweiligen Zimmer, sondern auch bei den Menschen, die sich darin aufhalten.

Das Bagua Ihres Zuhauses

Wenn Sie in der glücklichen Lage sind, ein Haus Ihr Eigen zu nennen, so betrachten Sie zunächst einmal dessen Grundriss. Ist er quadratisch, rechteckig oder handelt es sich gar um ein L- oder U-förmiges Gebäude? Rechnen Sie auch eventuelle Anbauten zum Grundriss dazu. Dadurch entstehen jedoch leider manchmal Grundrisse, die die Arbeit mit dem Bagua für Einsteiger fast unmöglich machen, weil man kaum entscheiden kann, wo einzelne Bagua-Zonen Fehlbereiche aufweisen und wo ein Teil der Wohnung über das Bagua hinausragt, kurz gesagt: Man kann nicht genau sagen, wo das Bagua anfängt und wo es aufhört. In diesem Fall arbeiten Sie am Anfang einfach mit dem Bagua-Grundriss in den einzelnen Räumen, bis Sie in Ihrem Urteil sicherer geworden sind. Natürlich können Sie sich auch mit einem Feng-Shui-Fachmann in Verbindung setzen.

Der Bagua-Grundriss wird stets vom Haupteingang aus betrachtet. Die gesamte Struktur des Gebäudes sollte sich in den Bagua-Plan einfügen. Hat es eine L-, U- oder sonstige Form, werden einige Bagua-Bereiche außerhalb des Baguas liegen. Da die meisten frei stehenden Häuser in unseren Breitengraden jedoch quadratisch oder rechteckig sind, dürfte der viereckige Bagua-Plan in den überwiegenden Fällen dem Grundriss Ihres Hauses entsprechen. Sollten dennoch Einrückungen vorhanden sein, so werden diese als fehlende Bagua-Bereiche behandelt. Selbstverständlich gehen Sie genauso vor, wenn Sie in einer Mietwohnung leben. Wenn Ihr Haupteingang also auf der linken Seite des Hauses liegt, ist der Bereich „Wissen" davon betroffen. Gleich, wo Ihre Wohnungstür liegt: es können stets nur die Bereiche „Wissen", „Karriere" oder „Freunde und Helfer" berührt sein, da das Bagua stets so liegen muss, dass man durch einen dieser drei Bereiche in die Wohnung eintritt. Den Rest Ihrer Wohnung ordnen Sie dann den übrigen Bagua-Bereichen zu. Liegt Ihre Wohnungstür links am Haus, betreten Sie die Wohnung also durch den Bereich „Wissen". Der dahinter liegende Raum wäre dann dem Bereich „Familie" zugeordnet. Ideal wäre es, wenn es sich dann dabei um das gemeinsame Wohn- oder Esszimmer handeln

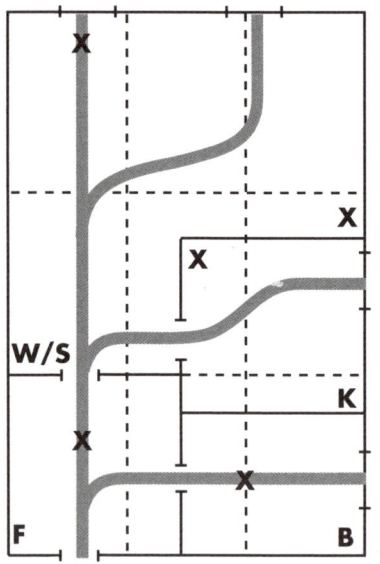

Hier sehen Sie, wie das Bagua über den rechteckigen Grundriss eines Appartements gelegt wird (**W/S** ist das Wohn-Schlaf-Zimmer, **F** der Flur, **K** die Küche, **B** das Bad). Der Eingang liegt im Bereich „Wissen". Alle Zonen des Bagua sind enthalten, aber das Chi sollte harmonisiert werden, wo es zu stark oder zu schwach ist. An den mit **X** gekennzeichneten Stellen sollten deshalb Feng-Shui-Hilfsmittel eingesetzt werden, um den Energiefluss, grau dargestellt, zu zerstreuen oder anzuregen.

würde. Um Ihre Wohnung effektiv mit erotischer Energie aufzuladen, sollten Sie insbesondere die Bereiche „Partnerschaft" und „Tai Chi" im Bagua Ihrer Wohnung im Auge behalten. Welche Zimmer fallen in diese Bereiche? Wenn sich das Schlafzimmer im rechten hinteren Teil der Wohnung befinden würde, der ja den Bereich „Partnerschaft" umfasst, wäre dies bereits eine ideale Voraussetzung für einen Erfolg versprechenden Fluss des Chi. Wenn Ihre Wohnung mehrere Etagen umfasst, so hätten Sie im Obergeschoss einen weiteren Raum, der ebenfalls dem Bereich „Partnerschaft" zugeordnet wird. Sie wären demnach gut beraten, hieraus auch einen Ihrer Beziehung förderlichen Bereich einzurichten. Vielleicht ein spezielles Liebesspielzimmer?

Wenn wir beim vorliegenden Beispiel bleiben, wäre der ideale Bereich für das Kinderzimmer der von der Eingangstür ganz rechts im mittleren Teil befindliche Raum. Ein Gästezimmer könnten Sie dann, falls genug Platz vorhanden ist, im Raum davor einrichten. Hier befindet sich der Bereich „Freunde und Helfer". Sie bräuchten sich also nicht zu wundern, wenn aus den bei Ihnen übernachtenden Gästen Ihre Mentoren werden, die sich Ihnen gegenüber durch Hilfeleistungen revanchieren. Ihr Arbeitszimmer sollten Sie beim obigen Beispiel in einem der hinteren Bereiche der Wohnung, entweder in der Mitte oder links davon, einrichten. Wenn Sie mit Ihrer Arbeit zu wirklichem Wohlstand gelangen wollen, empfiehlt sich die zuletzt genannte Alternative: Liegt Ihr Heimbüro im linken hinteren Teil der Wohnung, so dürfte es geradezu schwierig werden, mit der Arbeit, die Sie dort verrichten, **keinen** Erfolg zu haben.

Was jetzt vielleicht noch etwas kompliziert und aufwendig erscheint, wird Ihnen, wenn Sie öfter mit dem Bagua umgehen, schnell geläufig werden. Sie werden feststellen, dass Sie bald ohne Grundriss in der Lage sein werden, beim Betreten einer Wohnung zu erkennen, in welchen Bagua-Feldern die einzelnen Zimmer und Flure liegen.

Vielleicht machen Sie die zunächst frustrierende Erfahrung, dass es fast unmöglich ist, Ihre Wohnräume an den Bagua-Grundriss anzugleichen. Lassen Sie sich davon nicht entmutigen! Es ist nicht zwingend notwendig, dass Ihr Schlafzimmer in den Bereich „Partnerschaft" fällt, das Kinderzimmer in den Bereich „Kinder" usw. Bereits mit einfachsten Mitteln können Sie nämlich dafür sorgen, dass die Räume, in denen Sie sich aufhalten, Ihre Energien bestmöglich unterstützen: Fällt Ihr Schlafzimmer in den Bereich „Freunde und Helfer" des Grundrisses, so können Sie dort ein Andenken an einen guten Freund aufstellen, der Ihnen schon einmal mit Rat und Tat zur Seite stand, als Sie dies in Ihrem Leben gebraucht haben. Fällt der Bereich „Partnerschaft" genau in Ihr Wohnzimmer? Platzieren Sie dort Gegenstände, die für Ihre Partnerschaft von Bedeutung sind: Fotos, Erinnerungen an gemeinsame Urlaube, Ihren Hochzeitsstrauß oder andere Gegenstände, die Sie mit dem geliebten Partner verbinden. Dekorieren Sie dieses Zimmer in Farben, die auf Sie belebend wirken, und Sie werden schnell feststellen, dass dies auch anregenden Einfluss auf Ihre Beziehung haben wird. Jeder Raum kann bereits mit kleinen Dingen so ausgestattet werden, dass er das jeweilige Bagua effektiv repräsentieren kann.

Liegen Gebäudebereiche außerhalb des Bagua-Grundrisses, so können Sie diese tatsächlich oder symbolisch in die Gesamtstruktur einbeziehen: Komplettieren Sie die fehlende Form, indem Sie eine Überdachung, eine Laube, vielleicht sogar einen Raumanbau hinzufügen, die dann als Gebäudeteil gelten. Außerdem können Sie verstärkt mit Farben und Gegenständen arbeiten, die sich gerade auf diesen Gebäudebereich beziehen. Liegt beispielsweise der wichtige Bereich „Liebe und Partnerschaft" außerhalb Ihrer Wohnung, so wäre es ratsam, dort eine Laube anzupflanzen, die Sie mit roten und pinkfarbenen Gegenständen dekorieren. Fällt der Bereich „Freunde und Helfer" außerhalb des Hauses, so könnten Sie stattdessen dort einen Baum anpflanzen: Dieser symbolisiert als Naturkraft die Menschen, die Ihnen nahe stehen. Dass wesentliche Bagua-Zonen außerhalb des Hauses liegen, wird überwiegend bei frei stehenden Häusern mit unregelmäßigem Grundriss vorkommen. Dort haben Sie aber meistens auch mehr Freiheiten, kleinere Veränderungen wie Anbauten, Patios oder Pflanzen anzubringen, als in einer Mietwohnung. Meiner Erfahrung nach sind fehlende Bagua-Zonen in Mietwohnungen selten, da diese oftmals den typischen quadratischen oder rechteckigen Grundriss aufweisen, der es leicht macht, mit dem Bagua zu arbeiten.

Das Bagua
in den einzelnen Zimmern

Was für den Eingangsbereich des Hauses und die Wohnungstür galt, ist analog in den einzelnen Räumen anzuwenden: Stellen Sie sich an die jeweilige Zimmertür und blicken Sie in den Raum. Dies ist jetzt Ihr Orientierungspunkt für die Anwendung des Bagua für das einzelne Zimmer. Sie müssen jetzt allerdings nicht zwangsläufig jeden Raum inspizieren. Arbeiten Sie zunächst mit den Zimmern, in denen Sie das Gefühl haben, etwas verbessern zu wollen. Wenden Sie die Bagua-Regeln nicht sklavisch an, sondern vertrauen Sie Ihrer Intuition! Es ist gut möglich, dass Sie sich in einem Zimmer ausgesprochen wohl fühlen, das gerade nicht im entsprechenden Bagua-Bereich des Hauses liegt, wenn also zum Beispiel Ihr Arbeitszimmer im Bereich „Freunde und Helfer" liegt und Sie beruflich viel Unterstützung und Förderung von anderen erhalten, dann lassen Sie einfach alles beim Alten und seien Sie dankbar dafür. Meist ist es jedoch so, dass die Berücksichtigung der Regeln des Bagua eine Verbesserung des Wohlbefindens aller Hausbewohner mit sich bringt. Wenn Sie, sozusagen „zum Üben", sich erst einmal langsam von Zimmer zu Zimmer vortasten möchten, so ist dies vollkommen in Ordnung. Zwar sagt man, dass das Bagua des Hauses bzw. der Wohnung wichtiger ist als das der einzelnen Zimmer, weil sein Chi energetisch stärker ist. Doch ist es durchaus verständlich, wenn Sie nach und nach erst Dinge in den einzelnen Räumen verändern wollen, bevor Sie sich an Veränderungen im gesamten Heim wagen. Sie werden feststellen, dass auch kleine Veränderungen Ihr Wohlbefinden und das Ihrer Familie entscheidend verbessern können. Selbst wenn das Ess- und nicht das Arbeitszimmer in den Bereich „Wohlstand" fällt, können Sie den Chi-Fluss begünstigen: Stellen Sie einfach in der linken hinteren Ecke des Zimmers eine Vase oder einen anderen schönen, mit frischem Wasser gefüllten Gegenstand. Auch dieser erzeugt gutes Chi und kann dafür sorgen, dass sich bezüglich Ihres materiellen und/oder geistigen Wohlstands positive Veränderungen ergeben.

Fehlende Bagua-Bereiche auffüllen und Energie entfachen

Manchmal ist es möglich, einen fehlenden Bereich von außen zu komplettieren: Suchen Sie zunächst den Punkt, an dem bei einem viereckigen Grundriss die eigentliche Hausecke wäre. Füllen Sie dann den Bereich bis zu diesem Punkt, also die Fläche, die der Wohnung fehlt, üppig mit ästhetischen Arrangements: Blumen, Kunstgegenständen (wählen Sie diese nicht zu klein), Vasen oder anderen Behältnissen, die Sie mit Wasser auffüllen können. Wenn es Ihnen möglich ist, installieren Sie einen Springbrunnen, der Sie ständig mit frischem Wasser und günstigem Chi versorgt. Wenn ein Bagua-Bereich oder ein großer Teil davon fehlt und Sie nicht die Möglichkeit haben, den Mangel von außen zu beheben, so können Spiegel für Abhilfe sorgen: Hängen Sie sie an die Wände, die dem fehlenden Bereich am nächsten liegen. Dadurch wird der Fluss des Chi angeregt. Sie können dort auch Kristalle oder Mineralien anbringen. Auch persönliche Gegenstände und Erinnerungsstücke, die Sie gerne um sich haben, sollten Sie dort aufstellen. Alles, was die Energie zum Fließen bringt, ist hierfür geeignet. Gibt es mehrere fehlenden Bagua-Bereiche in Ihrer Wohnung, so sollte die Energie in den übrigen Räumen bewusst angehoben werden. Fehlt beispielsweise der Bereich „Partnerschaft", weil er außerhalb des Bagua-Grundrisses liegt, so ist es für den Fluss des Chi ratsam, wenn Sie genau diesen Bereich in den übrigen Räumen verstärken: Platzieren Sie überall Gegenstände bzw. Andenken, die mit Ihrer Beziehung in Verbindung stehen und belebend auf Ihre Stimmung wirken. Dadurch können Sie die fehlende Bagua-Zone wirkungsvoll ausgleichen. Sie können stets so verfahren, wenn ein Bereich fehlt: Verstärken Sie jeweils genau diesen Bereich in den übrigen Räumen. Handelt es sich um den Bereich „Wohlstand", so sorgen Sie einfach in den übrigen Räumen für „Reichtum": Wenn im Wohnzimmer das Sofa im hinteren linken Bereich steht, könnten Sie es zum Beispiel mit einem üppigen, luxuriösen Überwurf ausstatten; das Schlafzimmer dekorieren Sie mit einer Kristallvase mit frischen Blumen, Ihr Badezimmer könnten Sie mit den erotisch und farblich reichen Bildern von Gustav Klimt dekorieren – sofern sie Ihnen gefallen. Wenn Sie schöne Düfte lieben, dann sorgen Sie dafür, dass Sie eine ausreichende Anzahl in schönen Flakons im Bad links hinten stehen haben.

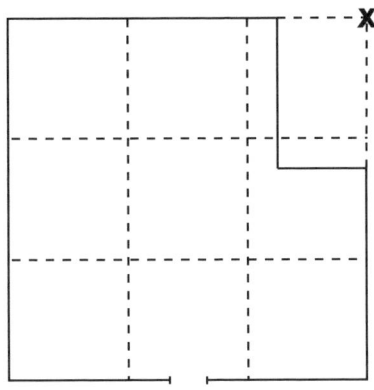

Bei diesem Grundriss ist der Bagua-Bereich „Liebe und Partnerschaft" ausgespart. Eine Außenlampe an der mit X gekennzeichneten Stelle kann helfen, den Mangel auszugleichen. Zusätzlich sollten Sie auch der Partnerschaftsecke in jedem einzelnen Raum erhöhte Aufmerksamkeit schenken.

Für die Anwendung des Bagua ist es wichtig, dass Sie lernen, auch den kleinen Dingen im Leben Bedeutung zuzumessen: Welche Gegenstände in Ihrer Wohnung erinnern Sie an die schönen Zeiten in Ihrem Leben oder haben überhaupt eine positive Bedeutung für Sie? Geben Sie Ihnen einen Energie verstärkenden Platz in dem für Sie wichtigen Bagua-Bereich. Machen Sie bezüglich aller Dinge in Ihrer Wohnung eine Art Inventur: Was erinnert mich an schöne Begebenheiten, was hat mich glücklich gemacht, was gibt mir Geborgenheit, was lässt mich mich geliebt fühlen? Diese Gegenstände sind ein wichtiger Teil Ihres Lebens. Sie können ihre Wirkung noch verstärken, wenn Sie sie in einem der Bagua-Bereiche platzieren, den Sie unterstützen wollen. Beobachten Sie, wo Gegenstände sind, die Sie negativ beeinflussen und Ihre Energie vielleicht sogar aufsaugen, und wo in Ihrem Wohnbereich die Stellen sind, an denen Sie Kraft tanken können. Entrümpeln Sie, trennen Sie sich von den Dingen, die Sie bisher vielleicht als Ballast durchs Leben getragen haben.

Sehr oft steht ein belastender Gegenstand nun genau in dem Bagua-Bereich, mit dem wir gerade Schwierigkeiten haben. Dazu ein Beispiel: Eine Frau hatte sexuelle Probleme mit ihrem Partner, es gelang ihr nicht, loszulassen, sich zu entspannen und sich ihm sexuell völlig hinzugeben, obwohl sie es gerne wollte. Im Bagua-Bereich „Partnerschaft" hatte sie ein Bild ihrer Familie aufgestellt. Deren Einstellung, dass Sexualität schlecht und schmutzig sei, hatte sie so verinnerlicht, dass es ihr nicht gelang, zu ihren jeweiligen Partnern eine befriedigende sexuelle Beziehung aufzubauen. Auf den Rat einer Freundin stellte sie das Bild an einem anderen Platz auf. Kurz danach lernte sie einen Mann kennen, mit dem es ihr gelang, ihre sexuellen Bedürfnisse völlig unbeschwert zu leben.

Ein weiteres Beispiel aus der Praxis eines Feng-Shui-Meisters: Ein Manager stellte resigniert fest, dass es trotz erheblicher Anstrengungen mit seiner Karriere nicht, wie erhofft, nach oben ging. Bei Beförderungen wurde er stets übersehen. Als der Feng-Shui-Berater das Büro des Mannes inspizierte, fiel ihm eine Pflanze auf, die in der Bagua-Zone „Karriere" stand und krank und ungepflegt aussah. Er ersetzte die Energie verzehrende Pflanze durch eine neue, die der Mann nun auch liebevoll pflegte, und nach einiger Zeit stellte sich auch der berufliche Erfolg ein.

Wie das Bagua
Ihr Wohlbefinden fördert

Sie werden feststellen, dass es eine ständige Herausforderung bedeutet, mit dem Bagua zu arbeiten. Sie beginnen Dinge zu sehen und wahrzunehmen, über die Sie sich jahrelang keine Gedanken gemacht haben. Sie werden sich oft fragen, wieso Sie etwas so Selbstverständliches über Jahrzehnte nicht erkannt haben. Ganz einfach: Sie haben es bisher nicht auf Ihren persönlichen Wunschzettel geschrieben. In dem Moment, wo wir beginnen, uns Gedanken über bestimmte Angelegenheiten in unserem Leben zu machen, verändern sich diese auch. Dies kann über längere Zeit von uns unbemerkt geschehen. Allerdings stellen wir in dem Moment, wo dann ein äußeres Ereignis eintritt, fest, dass wir uns innerlich schon längere Zeit genau mit diesem Bereich auseinander gesetzt haben. Das äußere Ereignis ist dann nur der Anlass, uns bewusst mit dem Thema zu beschäftigen.

Genauso arbeiten Sie mit dem Bagua: Machen Sie sich Ihre Wünsche bewusst, überlegen Sie, in welchem Bereich Sie Veränderungen anstreben. Ist es die Familie, Ihre Karriere, ein Kinderwunsch? Sie werden die Erfahrung machen, dass sich bei zunehmender Auseinandersetzung mit Ihren inneren Bildern auch in der Außenwelt etwas verändert: Plötzlich bemerken Sie vielleicht, dass sich im Bagua-Bereich „Karriere" Ihrer Wohnung Ihre Abstellkammer befindet, in der sich alles angesammelt hat, was Sie nicht mehr brauchen. Kein Wunder, dass es mit Ihrem beruflichen Fortkommen bisher einfach nicht klappen wollte …

Mit dem Eintauchen in die Welt Ihrer inneren Bilder tauchen Sie ein in den Fluss des Lebens, die positive Energie des Chi. Der Bagua-Plan ist dabei Ihr Führer.

Denken Sie daran, dass bereits einfache Dinge Veränderungen bewirken können. Es ist also nicht nötig, dass Sie teure Anschaffungen tätigen. Sie können mit einem Bild, das Sie mit Freude selbst gemalt haben, die Energie in einem Bagua-Bereich wesentlich effektiver erhöhen, als wenn Sie dort eine kostbare Kristallvase aufstellen, die Ihnen ein verhasster Onkel geschenkt hat. Alles, was Sie selbst herstellen, sei es, dass Sie zeichnen, malen, schreiben oder modellieren, entwickelt enorme Kraft, weil es aus Ihrer innersten Mitte kommt. Die Bagua-Verbesserung ist umso effektiver, je mehr Sie mit Ihnen persönlich verknüpft ist. Sie können sofort mit einer Veränderung beginnen, gleich ob Sie den Bereich Partnerschaft, Wohlstand, Anerkennung in Ihrem Leben verbessern wollen. Stellen Sie ein Bild, eine kleine Skulptur, eine Zeichnung von dem Zustand her, den Sie erreichen möchten, es kann auch eine symbolische Darstellung sein, die mit dem Ziel Ihrer Wünsche verknüpft ist, und platzieren Sie sie in einem günstigen Bereich des Bagua. Der richtige Zeitpunkt ist jetzt!

Beschränken Sie die Veränderungen nicht auf die repräsentativen Räume Ihres Zuhauses. Jeder Ort in Ihrer Wohnung ist wichtig. Selbst die kleinste Abstellkammer befindet sich ja in irgendeinem Bagua-Bereich und ist daher genauso einflussreich wie jeder andere Raum des Hauses. Auch wenn Sie die einzige Person sind, die den unaufgeräumten Keller, die unaufgeräumte Garage betritt, verringert dies nicht die Wirkung, die von einem solchen Raum ausgeht: Sie sind nämlich auch die einzige Person, die ihn in diesem

Zustand zu Gesicht bekommt. Nur Sie werden von dem Chi dieses Raumes berührt.

Herrscht in den Schubladen Ihres Büroschreibtisches vielleicht Unordnung? Wenn Sie sich vorstellen, wie er in aufgeräumtem Zustand aussehen würde, spüren Sie gleich eine völlig andere Energie als die, die Ihnen jetzt angesichts des sich Ihnen bietenden Chaos entgegenweht. Stellen Sie sich bei jedem Gegenstand, den Sie in die Hand nehmen, zwei Fragen: „Brauche ich das?" und „Liebe ich es?" Aufheben sollten Sie nur etwas, bei dem Sie am besten beide Fragen mit einem Ja beantworten können. Je mehr Dinge Sie ansammeln, für die Sie keine praktische Verwendung mehr haben und die auch Ihre Stimmung nicht heben, desto mehr wird der Fluss des Chi in Ihren Räumen, gleich ob Büro, Wohnung oder Praxis, verlangsamt. Sie brauchen sich dann nicht zu wundern, wenn Sie mit wichtigen Projekten Ihres Lebens nicht weiter kommen und Sie das Gefühl haben, etwas bremse Sie: Es ist der Ballast, den Sie meist nicht nur real sondern auch in Ihren Gedanken angesammelt haben. Wenn Sie unnütze Dinge entsorgen, „belüften" und beflügeln Sie damit gleichzeitig Ihre Gedanken; durch das Aufräumen atmen Sie blockierendes Chi aus und inhalieren frisches. Ihre Umgebung, die Sie als äußere Fortsetzung Ihrer selbst betrachten können, kann dann, entgiftet und entschlackt, wieder wie ein gesunder Körper atmen. Dies ist eine der schnellsten Methoden, sich sein persönliches Glück selbst zu schaffen. Ab Seite 63 gebe ich Ihnen dazu eine Reihe wichtiger Tipps.

Der Arbeitsplatz als Liebesverstärker

Machen Sie Ihren Schreibtisch oder Arbeitsplatz zu Ihrem persönlichen Glücksbringer! Denken Sie daran, dass das Bagua am besten funktioniert, wenn Sie eine starke persönliche Verbindung zu den Objekten haben. Um den Bereich Erotik bzw. Partnerschaft zu stärken, könnten Sie zum Beispiel ein Foto Ihres geliebten Partners am rechten hinteren Bereich des Schreibtisches aufstellen. Genauso wie bei Räumen wird der Bagua-Grundriss Ihres Arbeitsplatzes so gelegt, dass der vordere Teil mit den Zonen „Wissen", „Karriere" und „Freunde und Helfer" auf den „Eingangsbereich", also Ihren Sitzplatz, fällt. Rechts hinten befindet sich dann der erwähnte Partnerschaftsbereich. Dort könnten Sie auch eine schöne Vase oder einen

Zimmerspringbrunnen platzieren – falls Ihr Schreibtisch groß genug ist. Links hinten befindet sich dann der „Wohlstand"-Bereich. Dort wären sowohl Dinge günstig, die für Sie Reichtum und Fülle symbolisieren, als auch die Farbe Rot. Wie wäre es mit den Münzen in einer fremden Währung, die von einem wundervollen Urlaub übrig sind, oder mit einem roten Tuch, auf das Sie eine mit Wasser und Kristallen gefüllte Schale stellen?

Sorgen Sie außerdem dafür, dass die Bereiche auf Ihrem Schreibtisch nicht stagnieren, sondern in Bewegung bleiben. Sie brauchen nicht zu denken, dass Sie für immer eine gute Partnerschaft haben werden, weil Sie im

dortigen Bagua-Bereich ein Foto von Ihrer Hochzeitsreise platziert haben. Verändern Sie die Ecke, stellen Sie immer wieder andere, die erotische Energie belebende Dinge dort auf. Viele Menschen hören in festen Beziehungen auf, sich bewusst mit ihrer Erotik und dem Zusammenleben mit dem Partner zu beschäftigen, weil Sie sich seiner sicher fühlen und glauben, ihn zu „besitzen". Wir können Menschen nicht besitzen und festhalten, aber wir können eine Menge dafür tun, dass unsere Beziehung zu ihnen nicht langweilig wird und einschläft. Also: Machen Sie sich einmal Gedanken! Wenn Sie beginnen, sich zu überlegen, welcher Gegenstand Ihre Partnerschaft symbolisiert, dann denken Sie gleichzeitig über Ihre Beziehung nach. Der Chi-Fluss wird in diesem Bereich angeregt und belebt, weil Sie Ihre Aufmerksamkeit darauf lenken.

In einigen Büros werden Sie vielleicht Ihren Schreibtisch nicht so frei gestalten können. Dennoch gibt es immer Möglichkeiten, das Bagua zu verbessern: Auch wenn es nicht möglich ist, im Bereich Liebe und Partnerschaft eine auffallende Vase oder gar einen Zimmerspringbrunnen zu platzieren, so dürfte sicher niemand etwas dagegen haben, wenn Sie dort ein Foto aufstellen, das Sie mit guten Energien versorgt. Selbst ein roter Gegenstand, der mit Ihrem beruflichen Umfeld zu tun hat – ein Buch mit rotem Einband, rote Farbstifte oder andere Büromittel – entfalten bereits belebende Wirkung. Falls Sie Ihren Schreibtisch dennoch äußerst ungern zu einem „Hingucker" machen wollen, können Sie auch ganz versteckt das Bagua verstärken, indem Sie im betreffenden Bereich ein Energie verstärkendes Foto oder andere persönliche Dinge unter Ihrer Schreibunterlage platzieren. Dann wissen nur Sie, dass dort „Ihr" Foto ist, das Sie mit Energie versorgt, aber bereits der Gedanke daran wird Sie in Ihrer täglichen Arbeit unterstützen.

Hier ein paar Vorschläge, wie Sie den Bereich „Partnerschaft, Liebe und Erotik" durch persönliche Dinge in Ihrem Umfeld aufwerten können: Wählen Sie Poster, Kollagen, Fotos, Figuren Ihres Partners. Wenn Sie sich ungern durch ein Bild „outen" wollen, das Ihren Partner zeigt, wählen Sie ein unverfängliches Plakat oder Foto, das einen ähnlichen Typ zeigt, der Sie an ihn oder sie erinnert.

Gegenstände in Rot, Pink oder Weiß symbolisieren Liebe und Erotik. Wenn Sie bevorzugt Büromaterialien wie Locher, Hefter, Ringbücher u.Ä. in diesen Farben verwenden, werden Sie sich angeregter fühlen.

Sprüche und Zitate über die Liebe, die Sie im Büro versteckt – unter dem Computer oder der Schreibunterlage – anbringen können, unterstützen Ihre Liebesenergie. Natürlich sind persönliche Gegenstände, die Ihre Liebe symbolisieren, wie kleine Geschenke und Erinnerungen, die besten Energieverstärker. Diese Tipps für den Bürobereich gelten selbstverständlich auch für das intimere Umfeld, insbesondere für das Schlafzimmer. Dort sollten Sie Ihrer Energie und ihrem Einfallsreichtum freien Lauf lassen. Dekorieren Sie hier ungehemmt mit allem, was Ihre Liebe symbolisiert. Hängen Sie zum Beispiel ein Bild von „ewig Liebenden" über Ihr Bett. Bereits die gemeinsame Suche nach einem solchen Motiv ist belebende Energie für Ihre Liebe. Sie können auch erotische Skulpturen oder Figurenpaare wie Herzen, Delphine oder Tauben als Glückssymbole Ihrer Beziehung aufstellen.

Wählen Sie aus diesen Vorschlägen aus; alles, was eine persönliche Bedeutung für Sie hat, wovon Sie sich angesprochen fühlen, ist ein guter Verstärker für Ihre Beziehung. Überlegen Sie gemeinsam mit Ihrem Partner, welche Gegenstände für Sie wichtig sind. Sie werden feststellen, wie förderlich sich diese gemeinsamen Überlegungen auf Ihre Beziehung auswirken.

Das Chi fördern durch die fünf Elemente der Chinesen

Ein weiterer Schlüssel im Feng Shui ist neben dem Bagua die Anwendung der Lehre von den fünf Elementen. Den Fluss des Chi können Sie energetisch noch weiter verstärken, wenn Sie Ihre Räume, insbesondere natürlich den, in dem die Liebe zu Hause ist, auf die chinesischen fünf Elemente hin ausrichten: Erde, Metall, Wasser, Holz und Feuer.

✦ Holz gilt in der chinesischen Tradition als das erste Element. Es repräsentiert den Frühling, das Erwachen der Natur, das Wachsen und damit das in die Höhe Sprießende. Die Farbe Grün ist deshalb dem Element Holz zugeordnet. Das Erwachen des Tages beginnt mit dem Sonnenaufgang im Osten. Das Holzelement wird, da es den Jahresanfang symbolisiert, mit der Himmelsrichtung Osten verbunden. Menschen, die diesem Typ zugeordnet werden, gelten als dynamisch und entschlussfreudig (Ihren Element-Typ entnehmen Sie bitte der Tabelle auf Seite 46 ff). Das Element Holz gilt als statisch und dauerhaft. Die Verwendung dieses Materials in Wohnräumen erzeugt deshalb Ruhe und das Gefühl des Geborgenseins.

✦ Feuer symbolisiert die heißeste Zeit des Jahres und damit den Sommer. Als Himmelsrichtung wird diesem Element der Süden zugeordnet. Feuer besitzt ein Maximum an Energie. So ist auch der Feuer-Mensch: rastlos und ansteckend mit seinen ständig neuen Ideen. Feuer bringt neue Impulse hervor und sollte deshalb in jedem Raum repräsentiert sein, in dem Anregung gesucht wird. Damit das erotische Feuer nicht ausgeht, sollte die dieses Element symbolisierende Farbe Rot natürlich unbedingt auch im Schlafzimmer verwendet werden – allerdings in Maßen.

✦ Erde ist wegen ihrer ruhigen, gleichmäßigen Energie das Element des Spätsommers und Herbstes. Ihm wird die Mitte zugeordnet. Seine Farbe sind Gelb und alle Brauntöne. Der Mensch mit dieser Energie ist realistisch und steht im wahrsten Sinn des Wortes mit beiden Beinen auf dem Boden. Sie sind äußerst beständig und zuverlässig, können dabei aber auch gerne ein wenig langweilig wirken. Gegenstände, die das Element Erde präsentieren, vermitteln – ebenso wie Holz – Ruhe und Beständigkeit.

✦ Metall gehört jahreszeitlich ebenfalls zum Herbst. Seine Himmelsrichtung ist der Westen, der Bereich der untergehenden Sonne, seine Farbe Weiß und alle hellen Pastelltöne. Dem Element Metall werden die Mineralien zugeordnet, die unter großem Druck im Erdinnern entstehen, weist es doch von allen fünf Elementen die größte Dichte auf. Menschen mit dieser Energie haben äußerst hohe Ideale und setzen mit ihren idealistischen Vorstellungen gerne sich und andere unter Druck. Metall steht für Geld (Gold!) und Reichtum. Sie sollten bei der Einrichtung Ihrer Räume darauf nicht verzichten, um ein – nicht nur finanziell sondern auch seelisch – reiches Leben zu haben.

✦ Das Element Wasser entspricht dem Winter, seine Farbe ist Schwarz und alle dunklen Töne. Wir finden es im Norden. Wasser steht für Gefühle. In einem Raum mit überwiegend dunklen Farben stehen Gefühlsdinge, das Fließende, auch das Chaotische im Vordergrund. Schwarz und Dunkelblau, die typischen Farben des Wassers, sollten also bei der Einrichtung Ihres Schlafzimmers nicht fehlen. Menschen mit dieser Betonung sind unruhig, ständig mit irgendetwas beschäftigt und schwer festzulegen. Man muss selbst ein wenig Wasser-Energie aufweisen, um sie verstehen zu können.

Alle Elemente sollten idealerweise ungefähr gleich stark in Ihren Wohnräumen repräsentiert sein. Um die erotische Energie in Ihrer Wohnung im Gleichgewicht zu halten, sollten Sie sich die Mühe machen, auf einem Blatt Papier zu notieren, welche Elementenergien wie oft im jeweiligen Raum auftauchen. Fangen Sie mit dem Schlafraum oder dem Zimmer, in dem sich Ihr Liebesleben normalerweise abspielt, an. Untersuchen Sie zunächst, aus welchem Material Ihre Möbel und die Gegenstände sind, die sich im Raum befinden. Vergessen sie dabei nicht, die auf Ihren Bildern dargestellten Landschaften zu werten. Handelt es sich dabei um einen Sonnenuntergang am Meer, so sind bereits zwei Elemente im Spiel: Feuer (die Sonne) und Wasser (das Meer). Außerdem müssen Sie die Farben berücksichtigen, die

Sie für Ihre Wohnung gewählt haben. Noch einmal zusammengefasst: Das Element Holz wird durch die Farben Grün und Blau repräsentiert, Feuer durch Rot, Erde durch Gelb, Ziegelfarben und alle sonstigen Erdtöne, Metall durch Weiß und alle Pastellfarben und Wasser durch Schwarz und alle dunklen Farben wie beispielsweise Dunkelblau.

Wenn Sie so vorgehen und jedem in Ihrer Wohnung vorhandenen Element einen Punkt geben, erhalten Sie zum Schluss eine Liste, aus der Sie ersehen können, welches Element die höchste Punktzahl aufweist. Sehr oft ist es so, dass ein Element unangefochtener Spitzenreiter ist und die übrigen vier nur geringe Punktzahlen aufweisen. Um den Fluss des Chi in Ihrer Wohnung zu verbessern, ist es in diesem Fall ratsam, die schwach vertretenen Elemente in der Wohnung aufzuwerten. Durch welche Gegenstände Sie dies tun könnten, erfahren Sie aus der nachfolgenden Aufstellung:

Wenn das Element **Holz** fehlt, so können Sie ausgleichen durch:
✦ Tapeten mit Blumenmustern oder Wänden in Grün- und Blautönen
✦ Pflanzen jedweder Art: frische Blumen, Pflanzenkübel, getrocknete Pflanzen, Textilblumen
✦ holzgetäfelten Fußboden (Parkett!), eine Kassettendecke oder einen Paravent aus Holz
✦ Möbel aus Holz
✦ Bilder, die Blumen, Gärten und Pflanzen darstellen
✦ die Farben Grün und Blau sowie ihre Schattierungen

Fehlt das Element **Feuer,** so können Sie ausgleichen durch:
✦ alle Arten von Licht: Sonnenlicht, künstliche Lichtquellen, Kerzen, Feuer im Kamin
✦ Materialien, die von Tieren stammen, wie Knochen, Federn, Leder, Felle und Wolle
✦ Kunst, die Tiere oder Menschen darstellt
✦ die Farbe Rot in allen Schattierungen

Fehlt das Element **Erde,** so können Sie ausgleichen durch:
+ Bilder, die Landschaften darstellen: Wüsten, Felder, Wiesen
+ Möbel und Gegenstände, die rechteckig oder quadratisch sind
+ alle Gegenstände aus Keramik oder Erdmaterialien
+ alle Schattierungen von Gelb sowie Erdfarben

Fehlt das Element **Metall,** so können Sie ausgleichen durch:
+ Materialien wie Marmor, Granit und alle hellen Steine
+ Kunst und Gegenstände aus Metall, dazu zählen Stahl, Eisen, Silber, Aluminium und Gold
+ runde und ovale Gegenstände und Möbel
+ Kristalle
+ die Farbe Weiß und sämtliche Pastellfarben

Fehlt das Element **Wasser,** so können Sie ausgleichen durch:
+ Spiegel in der Wohnung oder reflektierende Oberflächen, wie sie durch einen Glastisch oder Kristallgegenstände entstehen
+ alle Gegenstände, die eine unregelmäßige und/oder fließende Form aufweisen
+ einen (kleinen) Zimmerbrunnen
+ Bilder, die Wasser darstellen, das Meer, einen See, Fluss, Wasserfall etc.
+ alle dunklen Farben, besonders Schwarz

Auch wenn diese Aufzählung Ihnen jetzt zunächst aufgrund ihrer Fülle verwirrend erscheint, werden Sie sehr schnell feststellen, dass die Grundprinzipien leicht zu merken sind.

Lassen Sie uns anhand eines einfachen Beispiels ein wenig üben: Nehmen wir an, Sie haben einen rechteckigen schwarzen Schreibtisch. Damit sind bereits zwei Elemente vertreten: Erde, durch die rechteckige Form – und Wasser wegen der Farbe Schwarz. Da Sie an diesem Schreibtisch sehr viel arbeiten und zwangsläufig hier die meiste Zeit verbringen, möchten Sie alle fünf Elemente vertreten haben. Sie könnten also einen Kristall darauf stellen, der das Element Metall repräsentiert, und eine Lampe anbringen, stellvertretend für das Feuer-Element. Falls ausreichend Platz ist, stellen Sie noch eine Vase mit Blumen darauf, die das Element Holz repräsentiert. Oder Sie bringen in Sichtweite ein Bild mit Blumen- oder Landschaftsmotiven an. Schon sind alle fünf Elementqualitäten vertreten.

Erotik nach den fünf Elementen

Auch im Schlafzimmer sollten Sie die Fünf-Elemente-Lehre berücksichtigen. Wählen Sie ein rundes Bett, so haben Sie bereits das Element Metall vertreten, bei den üblichen rechteckigen ist es das Element Erde. Wenn möglich, sorgen Sie in dem Raum, in dem Ihre Erotik fließen soll, auch für frei fließendes Wasser, um die Gefühle zu harmonisieren. Stellen Sie einen kleinen Zimmerbrunnen auf oder bringen Sie einige Spiegel oder Bilder, die Wasser zeigen, an. Um das Feuer-Element zu integrieren, können Sie während des Liebesspiels Kerzen anzünden, oder Sie wählen rote Bettwäsche. Das Element Holz ist meist durch das Material des Bettes bereits vertreten. Sie können es durch Blumen und Pflanzen noch verstärken. Legen Sie mehr Wert auf die knisternde Energie des Metall-Elementes, so können Sie Kunstgegenstände aus Metall für das Schlafzimmer wählen, oder Sie richten es in hellen, pastelligen Farben ein. Lassen Sie Ihre Fantasie spielen und achten Sie auf Ihre Intuition! Schnell werden Sie feststellen, dass Sie im Umgang mit den Elementen immer sicherer werden.

Ihre Arbeits- und Liebesenergie wird durch den verbesserten Chi-Fluss angehoben und Sie nehmen Ihre Umgebung neu wahr. Ausgeglichenheit ist jedoch das Ziel, deshalb sollen Sie sich auch zukünftig bei der Wahl der Gegenstände, die Sie umgeben, nicht verrückt machen. Wählen Sie auch weiterhin instinktiv aus, was Ihnen gefällt, ohne unbedingt gleich auf einer „Feng-Shui-Liste" nachzuschauen. Fragen Sie sich erst anschließend, zu welchem Element Sie gegriffen haben und achten Sie dann ein wenig auf den Ausgleich der Elemente, besonders in dem Raum Ihres Heims, in dem Ihr Liebesleben zu Hause ist.

Oft neigen wir dazu, bei den Gegenständen, die uns umgeben, stets dasselbe Element zu wählen. Sind wir beispielsweise ein starker und leidenschaftlicher Feuer-Typ, können wir vielleicht von der Farbe Rot nicht genug bekommen. Natürlich statten wir dann unseren Liebesraum am liebsten mit roter Bettwäsche aus, haben eine Vorliebe für rote Rosen im Schlafzimmer und tragen auch im Alltag bevorzugt rote Wäsche. Folglich brauchen wir uns auch nicht zu wundern, wenn wir schlecht ein- oder durchschlafen können. Es ist einfach zu viel An- und Aufregung da; wir finden keine Ruhe. Wenn Sie also instinktiv stets nach Gegenständen greifen, die die belebende Feuer-Energie repräsentieren, sollten Sie dem Teil in sich, der vor Energie strotzt, zum Ausgleich ein wenig Beruhigung bieten. Beziehen Sie Ihr Bett mit Wäsche in einem dunklen Grau, auch wenn Sie dies zunächst schrecklich langweilig finden. Sie werden spüren, dass langfristig von dieser Farbe eine beruhigende Wirkung ausgeht, die Ihren Schlaf verbessern wird. Oft sind es ja Kleinigkeiten, die dafür sorgen, dass wir uns besser und ausgeruhter fühlen.

Sollten Sie erst im Nachhinein feststellen, dass in Ihren Räumen ein Element übermäßig stark vertreten und Abhilfe nicht so einfach möglich ist – zum Beispiel weil die quietschgrüne Couchgarnitur so teuer war, dass sie derzeit zu schade für den Sperrmüll ist, so können Sie als Ausgleich eine magische Ecke einrichten. Dazu müssen Sie wissen, wie die Energien aufeinander einwirken. In unserem Beispiel ist die grüne Couchgarnitur aus Baumwolle ein sehr starker Holz-Einfluss, der nur von Metall ausgeglichen werden kann, wie Sie dem kontrollierenden Kreislauf unten entnehmen können. In der magischen Ecke Ihres Wohnzimmers, die sich vorzugsweise in der westlichen oder nordwestlichen Zimmerecke befindet, bringen Sie zunächst einen Spiegel an. Davor befestigen Sie eine Stellfläche aus Glas oder Acryl. Vielleicht finden Sie auch ein Schränkchen aus diesen Materialien. Darauf platzieren Sie Gegenstände aus Silber oder Gold, zum Beispiel Schmuck oder Bilderrahmen, die von den spiegelnden Oberflächen noch vervielfältigt werden.

Ähnlich können Sie mit allen Elementen verfahren. Wenn Sie feststellen, dass in Ihren Räumen ein Übergewicht eines Elementes herrscht, brauchen Sie lediglich festzustellen, mit welcher Energie (Feuer, Erde, Holz, Wasser oder Metall) Ihre magische „Ausgleichs-Ecke" aufgeladen werden muss. Welche Gegenstände und Farben die einzelnen Elemente vertreten, haben Sie ja bereits erfahren. Hier nun der Überblick, wie die einzelnen Elemente aufeinander wirken. Dabei wird unterschieden zwischen dem nährenden, unterstützenden Kreislauf und dem eher kontrollierenden. Man muss wissen, dass in Letzterem kein negativer Einfluss herrscht, sondern die Beziehungen vielmehr dazu beitragen können, elementare Harmonie zu erreichen. Wir finden den kontrollierenden Kreislauf an vielen Orten, die wir als wunderschön empfinden.

Folgende Elemente zählen zum **nährenden Kreislauf** und unterstützen und verstärken das jeweils andere Element in perfekter Harmonie:

✦ Wasser nährt Holz
✦ Holz ernährt Feuer
✦ Feuer hält Erde
✦ Erde erschafft Metall
✦ Metall hält Wasser

Der nährende Kreislauf zeigt, wie die Elemente aufeinander aufbauen und welche Elemente gegenseitig eine fördernde Wirkung erzielen.

Im **kontrollierenden Kreislauf** erfahren wir, welche Elemente gegenseitig äußerst intensive Energie entfalten:

✦ Holz verbraucht Erde
✦ Erde benötigt Wasser
✦ Wasser löscht Feuer
✦ Feuer schmilzt Metall
✦ Metall schneidet Holz

Wenn Sie günstiges Chi in Ihren Wohnräumen erhalten wollen, das sich förderlich auf die erotische Atmosphäre auswirkt, so sollten Sie zum Ausgleich der Elemente stets die beiden Kreisläufe im Auge behalten. Wenn ein Element in Ihren Wohnräumen sehr dominiert – oft ist dies das Holz-Element –, erfahren Sie aus dem kontrollierenden Kreislauf, mit welchem Element Sie den erforderlichen Ausgleich herstellen können, nämlich mit Metall.

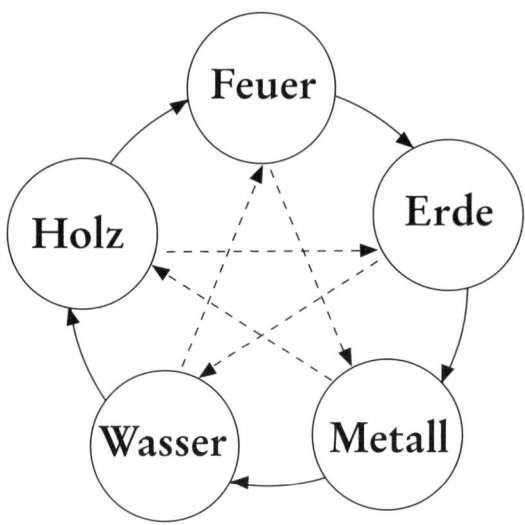

Der äußere Kreis stellt den nährenden Elementekreislauf dar, die Pfeile im Inneren zeigen den kontrollierenden Kreislauf.

Stellen Sie fest, dass eine Energie Unterstützung gebrauchen könnte, so orientieren Sie sich am nährenden Kreislauf. Probieren Sie aus, wie sich die Energieveränderung Ihres Raumes auf Ihre Stimmung auswirkt. Sie werden schnell feststellen, ob Sie sich mit einer Verstärkung des ohnehin dominanten Elementes wohl fühlen oder ob es ratsam ist, dessen Wirkung eher zu dämmen. Sie können Ausgleich (kontrollierender Kreislauf) oder Verstärkung (nährender Kreislauf) entweder mit der Einrichtung der bereits erwähnten magischen Ecke erzielen oder indem Sie den bzw. die Räume energetisch mit entsprechenden Gegenständen oder Farben ausstatten. Wenn Sie beispielsweise über einen stark von Holz dominierten Raum verfügen und der Meinung sind, diese Energie müsse noch verstärkt werden, nehmen Sie nach dem nährenden Kreislauf die Verstärkung durch das Element Wasser vor. Sie könnten also Ihre Möbel mit schwarzen Tüchern verhängen. Schnell werden Sie wahrscheinlich feststellen, dass Sie mit dem nun herrschenden Chi nicht einverstanden sind. Aus dem kontrollierenden Kreislauf können Sie ersehen, dass das Element Metall geeignet ist, zu viel Holz auszugleichen. Sie können also – wie bereits aufgezeigt – eine magische kleine Ecke einrichten oder den gesamten Raum verstärkt mit Metallgegenständen und Farben des Elements Metall ausstatten.

Welcher Liebestyp sind Sie? – Eine Typologie nach den fünf Elementen

Stellen Sie zunächst fest, welches Element Ihnen entspricht – ausschlaggebend ist dafür Ihr Geburtsjahr. Dabei hilft Ihnen die unten stehende Tabelle. Feuer, Erde, Holz, Wasser und Metall sind die fünf Elemente in der chinesischen Astrologie. Die erotische Energie in Ihrer Wohnung können Sie steigern, wenn Sie Hilfs- und Stilmittel verwenden, die die Eigenschaften Ihres Elements verstärken. Das müssen keine luxuriösen Gegenstände sein. Es reicht völlig aus, wenn Sie dafür Musik, Bilder, Düfte einsetzen, die Sie vielleicht bereits besitzen oder ohne großen Aufwand besorgen können.

Die Bestimmungstabelle: Dies ist Ihr chinesisches Element

Metall Yang	Wasser Yang	Holz Yang
31.01.00–18.01.01	08.02.02–28.01.03	16.02.04–03.02.05
10.02.10–29.01.11	18.02.12–05.02.13	26.01.14–13.02.15
20.02.20–07.02.21	28.01.22–15.02.23	05.02.24–24.01.25
30.01.30–16.02.31	06.02.32–25.01.33	14.02.34–03.02.35
08.02.40–26.01.41	15.02.42–04.02.43	25.01.44–13.02.45
17.02.50–05.02.51	27.01.52–13.02.53	03.02.54–23.01.55
28.01.60–14.02.61	05.02.62–24.01.63	13.02.64–01.02.65
06.02.70–26.01.71	16.01.72–02.02.73	23.01.74–10.02.75
16.02.80–04.02.81	25.01.82–12.02.83	02.02.84–19.02.85
27.01.90–14.01.91	04.01.92–22.01.93	10.02.94–30.01.95

Die Bestimmungstabelle

Metall Yin	Wasser Yin	Holz Yin
19.01.01–07.02.02	29.01.03–15.02.04	04.02.05–24.01.06
30.01.11–17.02.12	06.02.13–25.01.14	14.02.15–02.02.16
08.02.21–27.01.22	16.02.23–04.02.24	25.01.25–12.02.26
17.02.31–05.02.32	26.01.33–13.02.34	04.02.35–23.01.36
27.01.41–14.02.42	05.02.43–24.01.44	14.02.45–01.02.46
06.02.51–26.01.52	14.02.53–02.02.54	24.01.55–11.02.56
15.02.61–04.02.62	25.01.63–12.02.64	02.02.65–20.01.66
27.01.71–15.01.72	03.02.73–22.01.74	11.02.75–30.01.76
05.02.81–24.01.82	13.02.83–01.02.84	20.02.85–08.02.86
15.02.91–03.02.92	23.01.93–09.02.94	31.01.95–18.02.96

Feuer Yang	Erde Yang
25.01.06–12.02.07	02.02.08–21.01.09
03.02.16–22.01.17	11.02.18–31.01.19
13.02.26–01.02.27	23.01.28–09.02.29
24.01.36–10.02.37	31.01.38–18.02.39
02.02.46–21.01.47	10.02.48–28.01.49
12.02.56–30.01.57	18.02.58–07.02.59
21.01.66–08.02.67	30.01.68–16.02.69
31.01.76–17.02.77	07.02.78–27.01.79
09.02.86–28.01.87	17.02.88–05.02.89
19.02.96–07.02.97	28.01.98–05.02.99

Feuer Yin	Erde Yin
13.02.07–01.02.08	22.01.09–09.02.10
23.01.17–10.02.18	01.02.19–19.02.20
02.02.27–22.01.28	10.02.29–29.01.30
11.02.37–30.01.38	19.02.39–07.02.40
22.01.47–09.02.48	29.01.49–16.02.50
31.01.57–17.02.58	08.02.59–27.01.60
09.02.67–29.01.68	17.02.69–05.02.70
18.02.77–06.02.78	28.01.79–15.02.80
29.01.87–16.02.88	06.02.89–26.01.90
08.02.97–27.01.98	06.02.99–27.01.2000

Jetzt, wo Sie ermittelt haben, welcher der zehn Grundtypen Sie sind, lesen Sie bitte in den folgenden kurzen Charakteristiken nach, wie die alten Chinesen Ihre Eigenschaften beschreiben.

Feuer Yang

Im Grunde Ihres Herzens sind Sie ein wildes, ungebärdiges Kind, das ständig auf der Suche nach Abenteuern ist. Sie verfügen über eine rege Fantasiewelt. Es ist wichtig für Sie, das Leben spielerisch zu erfahren. Dies gilt vor allem für Sex: Sie verabscheuen Routine und das tägliche Einerlei. Wenn es für jemanden rote Rosen regnen soll, dann für Sie!

Mit Ihrer ungezwungenen Natürlichkeit erobern Sie jedes Herz. Manchmal sind Sie allerdings ein wenig zu schnell in Ihren Reaktionen und schießen über das Ziel hinaus. Aber so richtig böse kann man Ihnen gar nicht sein, und jeder merkt Ihrer zerknirschten Miene an, dass Sie es ja gar nicht so gemeint haben...

Gehen Sie die Dinge manchmal ruhig langsamer an. Auch dann sind Sie noch schneller als die meisten. Um sich mit Ihrem Partner erotisch wohl zu fühlen, sollten Sie öfter mal ein kleines Feuerchen prasseln lassen: Wenn Sie keinen Kamin haben, lassen Sie einfach ein paar Wunderkerzen abbrennen!

Feuer Yin

Ihre Energieverteilung ist ähnlich wie bei Feuer/Yang. Für Sie ist es allerdings sehr wichtig, dass Sie so früh wie möglich lernen, sich anderen gegenüber mitzuteilen und Ihre Bedürfnisse auf angemessene Weise auszudrücken. Sonst schwanken Sie ständig zwischen Beherrschtheit und Anspannung hin und her. Für Ihren Partner ist es dann nicht einfach, Ihre plötzlichen Ausbrüche, die aus Ihrer Anspannung resultieren, zu verstehen.

Machen Sie es sich öfter mit ihm einfach so gemütlich – nicht nur als Einstimmung zum Sex. Zünden Sie Kerzen an, lassen Sie Räucherstäbchen abbrennen. Und reden Sie mit ihm, teilen Sie sich mit. Wenn Sie glauben, alles stets mit sich alleine ausmachen zu müssen, bringen Sie sich auch um ein wichtiges Element in Ihrer Partnerschaft: den erotischen Austausch im Gespräch. Erst wenn Sie sich gefühlsmäßig öffnen, kann Ihr Partner Sie auch verstehen und so behandeln, wie Sie es sich tief im Innern wünschen: zart und behutsam.

Erde Yang

Trotz Ihres oft sehr korrekten und eher zurückhaltend-konservativen Eindrucks, den Sie in der Öffentlichkeit machen, sind Sie in Ihren eigenen vier Wänden ein sinnlicher Vulkan. Voraussetzung ist, dass Sie sich bei Ihrem Partner aufgehoben und geborgen fühlen. Ob dies der Fall ist, können Sie ganz leicht an den Reaktionen Ihres Körpers testen: Wenn Sie sich leicht hingeben können, beim Sex den vollen Genuss verspüren, dann ist Ihr Partner der Richtige. Behalten Sie ihn.

Wenn Sie allerdings spüren, dass Sie von ihm sexuell nicht so erregt werden, wie Sie es sich vorstellen, sollten Sie Vorsicht walten lassen: Da Sie sehr auf Ihren Partner eingehen, so sehr, dass Sie dessen Eigenschaften und Gefühle teilweise übernehmen, sollten Sie sehr gut auswählen, wen Sie in Ihre unmittelbare Umgebung vordringen lassen. Nur, wenn der Partner auch Ihnen den für Sie so wichtigen Genuss verschafft, ist es die für Sie richtige Beziehung. Lassen Sie sich auch einmal selbst verwöhnen!

Erde Yin

Auch für Sie ist Ihr Körper der wichtigste Indikator für Ihr seelisches Wohlbefinden. Sie lieben es, gestreichelt, massiert, berührt zu werden. Das schönste Geschenk, das Ihr Partner Ihnen geben kann, ist oraler Sex. Sie sind sehr leidenschaftlich, zeigen dies aber erst auf den zweiten Blick. Aus Angst, verletzt zu werden, tragen Sie in der Öffentlichkeit nämlich gerne eine Maske zur Schau. Wenn Sie sich einlassen, dann voll und ganz. Sie wissen das, kennen Ihre starken Instinkte. Um diese ausleben zu können, ohne dabei die Angst zu haben, vom anderen verlassen zu werden, neigen Sie zu eher flüchtigen Beziehungen. Auf Dauer ist das jedoch keine Lösung für ein so sinnliches Wesen wie Sie. Wagen Sie es: Lassen Sie sich auf einen geliebten Menschen mit Haut und Haaren ein. Sie werden in einer intensiven Beziehung reicher belohnt, als Sie es sich jetzt vorstellen können.

Metall Yang

Sie kennen in der Liebe keine Grenzen. Tabus existieren für Sie nicht und da Sie ohnehin dazu neigen, Ihre sexuellen Lüste auf vielfältigste Weise auszuleben, reizt es Sie geradezu, an Ihre Grenzen zu gehen. Sprechen Sie mit Ihrem Partner offen über Ihre erotischen Wünsche. Er sollte wissen, was er sich mit Ihnen an sexuellem Zündstoff ins Haus geholt hat. Da Sie über magische Verwandlungskünste verfügen, können Sie ihm – aus welchen Gründen auch immer – völlig überzeugend das brave Gretchen vorspielen, ohne die sündige Maria Magdalena erahnen zu lassen, die Sie wirklich sind.

Ohnehin gibt es nur wenige Menschen, die Ihrem Bedürfnis nach sexueller Erfüllung nachkommen können. Viele verfügen nicht über diese starken Energien. Kein Grund für Sie, jetzt in Depressionen zu versinken. Mit Ihrem Tatendrang schaffen Sie es, Ihre Kräfte auch für andere Dinge als Sex einzusetzen. So mancher Partner könnte sich dadurch sogar zeitweilig entlastet fühlen …

Metall Yin

Geben Sie sich der Liebe hin! Sie gehören zu den Menschen, für die sie der Sinn des Lebens ist. Vergessen Sie eventuell bestehende Schuldgefühle wegen Ihres intensiven Liebeslebens. Sie sehen doch an Ihrem blühenden Aussehen, wie gut es Ihnen tut! Für Metall/Yin ist Sex und Liebe wie ein Jungbrunnen und je öfter und intensiver Sie darin baden, desto schöner werden Sie geradezu von innen heraus. Da Sie intuitiv wissen, wie sehr Sie die Liebe brauchen, haben Sie fast extreme Angst vor sexueller Abhängigkeit. Im Umgang mit Partnern sind Sie mitunter sehr verschwiegen. Fast zu sehr! Ihre Verschwiegenheit gibt dem anderen manchmal das Gefühl, Sie hätten etwas zu verbergen. Übertreiben Sie es nicht mit Ihrem Mata-Hari- oder James-Bond-Verhalten. Die wenigsten Menschen auf dieser Welt sind daran interessiert, Ihnen zu schaden, auch wenn Sie oft der Ansicht sind, alle hätten sich gegen Sie verschworen. Sie werden sehen: Sie können durchaus manchmal jemanden ins Vertrauen ziehen, ohne dass er sie sofort verrät. Sie gewinnen, wenn Sie an sich arbeiten und Ihr Kontrollbedürfnis etwas reduzieren. Sie haben doch Ihren sechsten Sinn, dem Sie absolut vertrauen können, und der Sie ohnehin vor einem schlechten Einfluss anderer Personen schützt.

Wasser Yang

Sie sind ein sehr amüsanter, vergnüglicher Liebespartner. Allerdings nur, wenn Ihr Partner Sie an der langen Leine lässt. Sie lieben es, möglichst viele Erfahrungen zu machen und sich im Strom der Ereignisse treiben zu lassen. Dabei können Sie sich so hingeben, dass Sie alles mühelos aufsaugen. Dies gilt für Menschenmengen, in denen Sie sich treiben lassen, ebenso wie für die Energien Ihrer jeweiligen Partner. Oft wissen Sie dann gar nicht mehr, was nun Ihre eigenen Gefühle sind. Da Sie gleichzeitig auch ein Kopfmensch sind, gelingt es Ihnen jedoch immer, rechtzeitig aus dem Sog der Gefühle aufzutauchen und sich selbst wieder zu finden.

Achten Sie darauf, dass Ihr Partner Sie auch intellektuell stimulieren kann. Wenn Sie keinen Respekt vor seinen geistigen Fähigkeiten haben, verlieren Sie schnell das Interesse. Sie dürften feststellen, dass dies auf frühere Partner zutrifft, die Sie bereits nach kurzer Zeit wieder verlassen haben.

Wasser Yin

Eigentlich leben Sie im falschen Jahrhundert. Mit Ihrer Neigung zu Romantik und geheimnisvollen Ränkespielen wären Sie an einem europäischen Fürstenhof richtig aufgehoben gewesen.

Andere dürften oft Schwierigkeiten haben, Ihr geheimnisvolles Wesen zu durchschauen. Da Sie sich nie ganz selbst zeigen, sondern die Tendenz haben, die Eigenschaften Ihrer jeweiligen Partner zu spiegeln, dürfte es schwerlich jemanden gelingen, Sie völlig zu durchschauen. Ihre Sexualität ist genauso geheimnisvoll wie Sie selbst. Fantasien und Träume vermischen sich dabei zu einem Geschehen, das Stoff für mehrere aufregende Filme böte. Achten Sie darauf, dass Ihr Partner einfühlsam, ja, geradezu sensitiv ist. Nur ein Mensch mit diesen Eigenschaften wird Sie intuitiv verstehen können. Deshalb sind Sie auch fasziniert von außergewöhnlichen Menschen: Künstler und Freidenker aller Couleur haben es Ihnen angetan. Am glücklichsten werden Sie mit einem Partner sein, der zuhören kann. Wenn er dann noch das Geschick besitzt, Ihr geistiges Filmgeschehen umzusetzen und in greifbare sexuelle Erlebnisse zu verwandeln, erfüllen sich Ihre geheimsten Träume.

Holz Yang

Sie legen Wert darauf, dass Ihr Partner dieselben Eigenschaften vorweisen kann, die Sie mitbringen: Geistige und körperliche Beweglichkeit und vor allem Unabhängigkeit sind Ihnen wichtig. Sie lieben temperamentvollen Sex und dazu benötigen Sie einen Partner, der in allem mithalten kann. Menschen, die geistig und körperlich erstarrt sind und klammern, sind nichts für Sie. Sie schätzen eine gesunde Beziehung, in der beide Partner das Beste einbringen, was Sie haben: sich selbst. Schönheit und Ästhetik sind daher wichtige Eigenschaften, die Sie an Ihrem Partner schätzen und die er mitbringen sollte. Schließlich finden Sie sich selbst auch schön, deshalb sollte es auch auf diesem Gebiet paritätisch zugehen, finden Sie. Sie haben ja Recht! Romantik ist bei Ihnen ebenfalls angesagt. Sie sind beileibe niemand, der nur auf Äußerlichkeiten achten würde. Für Sie ist es einfach wichtig, mit Ihrem Partner eine wunderschöne Zeit zusammen zu haben und dafür sind Sie bereit, alles zu tun. Das Gleiche erwarten Sie natürlich auch von ihm.

Holz Yin

Ihnen fällt es meist schwer, sich zu entscheiden. Ständig sind Sie nach allen Seiten hin beschäftigt: einen Kaffee mit X, das Essen mit Y, die Party bei Z, ach ja, und der Theaterbesuch! Fast hätten Sie's vergessen. Wenn Ihnen Ihre vielen Aktivitäten wirklich Spaß machen, dann nur zu. Prüfen Sie sich aber einmal in einer ruhigen Minute, ob dahinter nicht die Angst steckt, von einem Menschen allein vereinnahmt zu werden. Irgendeine frühere Erfahrung könnte der Auslöser dafür gewesen sein, dass Sie Angst vor der Liebe und vor allem vor der Hingabe haben. Denken Sie daran: No risk, no fun! Nur wer lernt, auch einmal loszulassen, hat den vollen Genuss in der Liebe. Und den suchen Sie doch gerade! Spielen Sie also ruhig weiter die Rolle des „Hansdampf in allen Gassen". Aber nicht immer. Wenn Sie Ihren Scharfsinn und Ihren kritischen Verstand, hinter dem Sie sich gerne verschanzen, von Zeit zu Zeit ablegen, werden Sie feststellen, dass Sie dadurch gewinnen: mehr Lebens- und Liebesgenuss.

Wer passt zu wem: Wenn das Wasser mit dem Feuer ...

Sie wissen jetzt, welchem Element Sie angehören, und bestimmt haben Sie auch nachgesehen, welcher Typ Ihr Partner ist. Wie Sie die Sinnlichkeit in Ihrer Beziehung fördern und intensivieren können, erfahren Sie aus der Typologie der Elemente-Verbindungen, die ich im Folgenden für Sie zusammengestellt habe.

Feuer–Feuer

Die heißeste Verbindung unter der Sonne! Sie beide lassen es ordentlich krachen, benötigen allerdings auch eine gehörige Portion Abwechslung in Ihrem Liebesleben. Dies kann so weit gehen, dass sich einer von Ihnen eine Affäre sucht – nur um die Beziehung wiederzubeleben. Damit es nicht gar so weit kommt: Lieben Sie sich auf Satin, das regt den Tastsinn an, stellen Sie Spiegel beim Liebesspiel auf und beleuchten Sie die erotische Szenerie mit Kerzenlicht. Je mehr es – im wahrsten Sinne des Worte – knistert, desto lebendiger ist Ihre Beziehung. Dazu gehört natürlich auch eine Portion Selbstständigkeit von beiden Teilen. Kletten Sie sich nicht immer aneinander, machen Sie nicht stets alles gemeinsam. Ein erotischer Telefonanruf aus der Ferne ist manchmal viel heißer, als wenn Sie sich jeden Tag sehen und die Möglichkeit haben, sich regelmäßig ohne „Hindernisse" zu lieben. Setzen Sie sich geistig, in Ihrer Fantasie unter Strom und bauen Sie so Spannung auf. Keine Kombination verlangt danach mehr als die Ihre!

Feuer–Erde

Sie sind die Meister des „Karezza", des langsamen Hinauszögerns des gemeinsamen Höhepunktes. Bei Ihnen schwelt es erst einmal einige Zeit, bis tatsächlich der Feuersturm entfacht ist. Machen Sie daraus ein Spiel, genießen Sie es. Die Sinnlichkeit von Erde und die Fantasie des Feuers sind eine gewagte Komposition, die geeignet ist, um in der Liebe so ziemlich alles zu erleben. Lieben Sie sich in der freien Natur, und der Energiefluss ist optimal. Wasser sollten Sie für Ihre Spiele meiden, da es nicht Ihren Elementen entspricht. Wenn der Erde-Mensch etwas zögerlich auf die Originalität und die verrückten Vorschläge des Feuer-Menschen reagiert, so ist es von Vorteil, sich an einem Ort zu lieben, wo Erde-Energie vorherrschend ist. Wenn es nicht in der freien Natur möglich ist, so versuchen sie es im geschnitzten Himmelbett aus Holz. Notfalls leistet auch eine sinnliche handgeschnitzte Statue – am besten von einem Naturvolk – in der Nähe des Bettes erotischen Beistand.

Feuer–Holz

Ihre Energie wirkt wie ein Romantik-Kinofilm auf andere: Sie sind wie Milch und Schokolade zusammen. Jeder findet im anderen den Seelenpartner, von dem er immer schon geträumt hat. Erhalten Sie sich diese wunderbare Stimmung. Lernen Sie, offen miteinander zu reden, tauschen Sie sich aus. Sie lieben beide das Unkonventionelle, Liebe an völlig verrückten Orten. Dabei können Sie sich von ausgefallenen Accessoires unterstützen lassen: Kaufen Sie sich ausgefallene Wäsche, versuchen Sie es mit dem neuesten Sexspielzeug. Wenn Sie beim Ausprobieren in schallendes Gelächter ausbrechen, auch gut. Alles, was eine Abwechslung von der Normalität bietet, ist ideal für Ihr ganz spezielles Zusammensein. Gehen Sie in die abgefahrensten „locations" Ihrer Stadt! Lassen Sie sich dort von den schrägen Leuten inspirieren, die sich hier wohl fühlen. Das ergibt Gesprächsstoff für Sie. Und Gespräch belebt Ihr Liebesspiel.

Holz–Holz

Sie sind beide die geborenen Romantiker. Auch wenn man Ihre Verbindung vielleicht zunächst mit Plüschpantoffeln und brennendem Kaminfeuer verbindet: Das ist nichts für Sie. Zwar lieben Sie romantische Stimmung, wollen jedoch auch Ihren Idealismus in die Welt hinaustragen. Man kann Ihnen deshalb nur raten, tagsüber getrennt zu sein und Ihren Idealismus in den Beruf zu tragen. So können Sie auch der von Ihnen gefürchteten Monotonie des Zusammenlebens entfliehen, außerdem erhalten Sie sich Ihre Selbstständigkeit. Auch dies ist ein wichtiges Thema in Ihrer Beziehung.

Da Sie beide zu geistigen Höhenflügen neigen, ist es wichtig für Sie, in Ihrer Wohnung eine Erd-Atmosphäre zu schaffen. Stellen Sie Pflanzen auf, lieben Sie sich auf dem Fußboden, wenn möglich auch in der freien Natur. Der Wald ist Ihr ideales (Liebes-)Terrain. Suchen Sie ihn auch auf, wenn Sie Schwierigkeiten in Ihrer Beziehung haben und einmal völlig in Ruhe miteinander reden wollen. Wenn Sie es sich räumlich und finanziell leisten können, gönnen Sie sich einen Wintergarten. Wenn Sie dort noch eine erotische Spielwiese gestalten, so haben Sie alles, was Sie für ein erfülltes Liebesleben brauchen!

Holz–Erde

Wenn sich Holz und Erde zusammenfinden, so dürfte dies auf die Aktivitäten von Erde zurückzuführen sein. Erde ist von dem quirligen Holz oft fasziniert und lässt sich deshalb schnell verführen. Das Erwachen aus einem schönen Traum kann recht schmerzlich sein, denn die Energie von Erde-

Holz ist eigentlich konträr. Holz kann sich recht schnell von der Sturheit und Engstirnigkeit von Erde abgestoßen fühlen. Die Beziehung hat nur dann Aussicht auf Erfolg, wenn der Holz-Partner bereit ist, auf die Eigenheiten des Erde-Partners einzugehen.

Wenn Sie noch in der Werbungsphase sind: Essen ist für Sie beide eine hervorragende Möglichkeit, um die Energien auf Touren zu bringen. Bauen Sie es auch in Ihr Liebesspiel ein. Wenn Sie langsam die Schokoladenmousse von den schönsten Körperteilen Ihres geliebten Partners ablecken, so ist dies für beide ein Vergnügen. Zeigen sie Fantasie und überlegen Sie beim samstäglichen Markteinkauf, welche Lebensmittel nicht nur im Kochtopf sondern auch im Bett eingesetzt werden können. Wasser in allen Variationen ist ein belebendes Elixier für Ihr Liebesspiel. Wenn es möglich ist, installieren Sie einen Springbrunnen in Ihrer Wohnung. Bereits ein leise plätschernder, kleiner Zimmerbrunnen erfüllt seinen Zweck. Lieben Sie sich am See, an einem Fluss und natürlich am Meer.

Erde–Erde

Dies ist eine der sinnlichsten Verbindungen, weil beide Partner große Freude an ihrem Körper haben und dies auch zeigen. Die dabei erzeugte Energie ist so überwältigend, dass sie auf andere Menschen abfärbt. Diese spüren, was sich in der Erde/Erde-Verbindung abspielt. Sinnlichkeit pur! Sie könnten FKK-Freaks sein, weil Sie es lieben, sich unbekleidet in der Natur aufzuhalten.

Ihre Sinnlichkeit springt auf andere über, vergessen Sie deshalb nicht, von Zeit zu Zeit Ihre heimatliche Lustwiese zu verlassen. Gehen sie auf Partys und zeigen Sie sich. Das lädt wiederum Sie auf und belebt Ihr Liebesspiel. Zu Hause sollten Sie sich mit viel Wasser umgeben: Hängen Sie Bilder mit dem Wasser-Element auf, Flussansichten, Wasserfälle, das Meer.

Lassen Sie sich zu Hause unbedingt von Musik inspirieren, insbesondere dort, wo Ihr Liebesspiel gerade stattfindet. Sie wissen, dass das nicht unbedingt im Schlafzimmer sein muss? Gerade bei Ihnen ist es wichtig, dass Sie auf Abwechslung achten. Aber dort, wo Sie gerade tätig sind, sollte Musik in der Luft liegen. Deshalb ist auch die Disco nicht der schlechteste Ort für Sie …

Metall–Metall

Hier liegt eine Menge Energie in der Luft. Zwei Metall-Partner, die sich zum erstenmal treffen, werden sich normalerweise sofort voneinander angezogen fühlen, weil sie beide die energetisierende Aura des anderen wahrnehmen. Zwischen den Partnern entsteht eine heftige Beziehung, die nur dann gut gehen kann, wenn Sie beide ehrlich sind. Und das heißt, dass Sie in der Lage sind, zu erkennen, dass Sie dem Partner genau die Freiheit einräumen müssen, die Sie auch für sich selbst brauchen. Nur dann behalten Sie in Ihrer Beziehung diese gegenseitige magnetische Anziehungskraft, ohne die Sie sich unvollständig fühlen. Sie sollten Ihre Wohnung luftig einrichten, um ein Gegengewicht zu den doch sehr heftigen Energien zu bilden, die Sie beide entwickeln können: Kaufen Sie ein Bett, das Sie immer wieder umstellen können, sodass Ihre sinnliche Umgebung nicht allzu starr wirkt. Verwenden Sie leichte Vorhänge aus hellem Material. Und dimmen Sie das Licht, auch wenn Sie beim Liebesspiel gerne jede Regung des anderen sehen möchten. Sanfte Beleuchtung ist das Richtige, wenn es bei Ihnen so richtig zur Sache geht.

Metall–Feuer

Sie werden es längst bemerkt haben: In Ihrer Beziehung prallen die Energien aufeinander. Oft fühlen Sie sich hinterher wie nach einem Vulkanausbruch. Sie sollten sich unbedingt gegenseitig viel Raum gewähren. Gehen Sie von Zeit zu Zeit getrennte Wege, dann ist es einfacher, mit dieser hohen Energie umzugehen. Sie sind beide extreme Individualisten. Wenn Sie es schaffen, den anderen jeweils in seiner Eigenart so zu sein lassen, wie er ist, hat Ihre Beziehung gute Überlebenschancen. Vermeiden Sie die kräftezehrenden Diskussionen während der ganzen Nacht und lachen Sie lieber einmal mehr über Ihre oft viel zu heftigen Auseinandersetzungen, als dass Sie sich wieder streiten – wegen nichts! Abstand zu sich selbst tut Ihnen beiden gut, und den können Sie leicht dadurch herstellen, indem Sie in einen Film gehen, bei dem Sie kräftig lachen müssen. Auch in der körperlichen Beziehung wirkt Lachen Wunder. Vergessen Sie nicht: Sex ist ein Spiel und das Bett nicht der Ort, wo Sie Ihre Macht demonstrieren sollten, sondern Ihren Spaß und Ihre Lust miteinander teilen. Dekorieren Sie deshalb Ihre gemeinsamen Räume ruhig recht verspielt. Alles, was Sie erfreut, ist gut für Ihre Seele. Hängen Sie selbst gemalte Bilder auf, bringen Sie helle Farben wie Gelb, Orange, Hellrot, in Ihre Wohnräume, gönnen Sie sich ausgefallene Pflanzen. Die Freude an der ungewöhnlichen Dekoration Ihrer Wohnung wird sich lange halten.

Metall–Holz

Metall ist durchsetzungsstark und kämpferisch, Holz charmant und publikumsliebend. Diese Beziehung kann deshalb oft zum Tummelplatz für allerlei Machtspielchen werden, wobei der Holz-Partner in der Lage sein wird, das wütende Metall so richtig auflaufen zu lassen. Schade, wenn es soweit kommt, denn diese Beziehung bietet auch die Möglichkeit, einen Mittelweg zu finden, ohne dass die Partner sich aufreiben oder gar zerstören.

Beugen Sie vor, indem Sie die Verbindung so aufregend gestalten, dass die Lust auf Sex größer ist als die auf Krieg: Lieben Sie sich im oder unter Wasser. Das muss nicht erst im Urlaub sein. Die heimische Badewanne oder die Dusche eignen sich genauso dafür. Streichen Sie die Wände in den Farben des Wassers: Aquamarin, Blau, Grün sind genau die Farben, die belebend auf Ihre Beziehung wirken. Und vergessen Sie nicht, Kerzen aufzustellen, benutzen Sie Räucherwerk, um Ihre Sinnlichkeit anzuregen. Auch schöne Stoffe, vor allem, wenn Sie im Bett verwendet werden, regen Ihre Fantasie an und beleben Ihr Zusammensein.

Metall–Erde

Beide Partner können sich in dieser Beziehung wunderbar hingeben, auch wenn der Metall-Partner zunächst nicht sofort mit der alles umfassenden Erde-Energie „mitfließen" will. Lange dauert es aber meist nicht, bis die sinnliche Erde es geschafft hat, dass er sich völlig hingibt und alle seine Vorbehalte verliert. Sinnlichkeit und Romantik spielen gleich wichtige Rollen in dieser Verbindung und Sie sollten darauf achten, dass Sie beide sich nicht in den Banalitäten des Alltags verlieren und diese Aspekte nicht mehr leben. Sie müssen sich um das Flackern des Feuers in Ihrer Beziehung kümmern, sonst zeigt einer der Partner schnell und deutlicher, als dem anderen lieb ist, was ihm fehlt. Feuer ist für Sie wichtig und deshalb ist Rot eine Farbe, der Sie Aufmerksamkeit schenken sollten. Tragen Sie rote Wäsche (beide!), beziehen sie das Bett mit rotem Bezug, verwenden Sie rotes Licht beim Liebesspiel. Lieben Sie sich nicht nur im Bett, sondern testen Sie auch einmal die anderen Möbelstücke Ihrer Wohnung auf ihre Tauglichkeit für erotische Spielereien hin. Um auch Ihren Gästen gleich zu zeigen, welcher Geist (welche Energie!) bei Ihnen herrscht: Gönnen Sie sich fürs Wohnzimmer vielleicht einmal ein knallrotes Sofa – die gibt es mittlerweile sogar in Herzform. Und weihen Sie es gleich mit der Ihnen eigenen Energie ein!

Metall–Wasser

Eine Verbindung, bei der beide Partner fast ohne Worte auskommen können, so sehr sind Sie in der Lage, die Stimmung des anderen aufzunehmen. Metall übt auf Wasser eine magische Faszination aus – und umgekehrt. Das in sich ruhende Wesen des Wasser-Menschen wird von Metall kräftig gepackt und durcheinandergewirbelt, oft so sehr, dass sich diese Menschen zu Abenteuern verführen lassen, von denen sie sonst nur zu träumen wagten. Eine solche Beziehung kann ein Leben lang halten: Beide kommen dem Geheimnis des anderen nie auf die Spur und so bleibt der Partner ewig faszinierend. Um diese Stimmung anzuheizen, sollten Sie zu allen Mitteln greifen: Kaufen Sie sich verführerische Kleidung und überraschen Sie Ihren Partner (oder Ihre Partnerin!) mit einem heißen Striptease. Zeigen Sie ihm oder ihr, wie erotisch Sie sind. Verabreden Sie sich an ungewöhnlichen Orten für ein Rendezvous. Auch und besonders, wenn Sie sich schon lange kennen. Auf Reisen sollten Sie ebenfalls den Reiz der neuen und noch unbekannten Umgebung für Ihr Liebesspiel nutzen. Wenn Sie sich an fremden Orten unter freiem Himmel lieben, wird dies eine der schönsten Erinnerungen sein, die Sie mit nach Hause nehmen. Und vergessen Sie ein weiteres Mitbringsel nicht: Geschnitzte Statuen aus Holz haben eine ausgleichende Wirkung auf die in Ihrer Beziehung herrschenden Energien und sollten deshalb in Ihrer Wohnung nicht fehlen, wenn Sie beide sich daran freuen.

Wasser–Wasser

In dieser Beziehung existiert der Alltag nur am Rande: Wasser-Wasser-Partner leben völlig in ihrer eigenen Welt. So sehr, dass sie manchmal recht unsanft aus ihren Träumen geweckt werden müssen. Sie vergessen, Rechnungen zu bezahlen, weil sie Briefe ungeöffnet lassen, versäumen entscheidende Termine – und sind dennoch unbeschreiblich glücklich: Weil sie sich ihre eigene Fantasiewelt geschaffen haben. Kein Außenstehender kann deshalb die in einer Wasser/Wasser-Beziehung herrschende Energie verstehen. Die beiden Partner verbindet ein nahezu magisches Band, das andere nicht sehen können.

Ihre Wohnung sollte Sie gegen störende Außeneinflüsse, die den Fluss Ihrer Liebesenergie stören könnten, abschirmen. Es wäre deshalb gut, wenn Sie nicht gerade an einer Hauptverkehrsstraße wohnen würden und wenn Sie einen Blick ins Grüne hätten. Wenn dies nicht möglich ist, sollten Sie zumindest an der Hi-Fi-Ausstattung Ihrer Wohnung nicht sparen und sich mit Klängen umgeben, die Ihnen angenehm sind. Wenn Sie beim Blick nach draußen nur Beton sehen, stellen Sie üppige Pflanzen auf, wählen sie Bilder, die großzügige Landschaften zeigen – die Wüste, das Meer, Wasserfälle, alles, was Sie in Stimmung versetzt. Lassen Sie Ihre Alltagssorgen vor der Tür. Dies ist umso einfacher, je mehr Sie Ihre Wohnung zu einer geheimnisvollen Welt machen, in die nicht jeder Zugang hat. Dekorieren Sie mit ausgefallenen Stoffen Ihre Sofas und Ihr Bett, verwenden sie exotische Muster für die Vorhänge. Und platzieren Sie überall Kerzen, die Sie anzünden, sobald Sie die Wohnung betreten. Dies fördert Ihre erotische Atmosphäre. Vergessen Sie nicht: Gerade für Sie mit Ihrer fließenden Energie ist die geheimnisvolle Welt der Erotik unverzichtbar. Geben Sie sich ihr hin!

Wasser–Feuer

Diese Beziehung dürfte selten über die Anfangsmonate hinauskommen, zu unterschiedlich sind die Energien dieser beiden Elemente: Feuer ist dynamisch und bewegend, Wasser statisch und empfindsam. Wenn es zu einer längeren Beziehung kommt, dann nur, weil die Partner gelernt haben, sich gegenseitig zu akzeptieren. Oder das intuitive Wasser hat sich dem Feuer-Partner so unentbehrlich gemacht, dass dieser sich außerstande sieht, auf die instinktbetonte Wasser-Energie zu verzichten. Wahrscheinlicher ist jedoch, dass sich beide Partner Ihrer Unterschiedlichkeit eher schmerzlich bewusst werden: Wasser wird mit der Schnelligkeit von Feuer nicht so recht mithalten können und deshalb oft frustriert sein. Und Feuer will nicht akzeptieren, dass Wasser nicht nur seinen Bewunderer spielen, sondern für alle Menschen da sein möchte.

Wenn Sie zusammenbleiben möchten, sollten Sie in Ihrer Wohnung besonders im Schlafzimmer die Holz- und Erde-Energien betonen. Schlafen Sie in einem Bett aus Holz, wenn möglich, und richten Sie sich im Schlafzimmer eine kleine Bücherecke mit erotischer Literatur ein. Fantasie regt den Wassermenschen an, und wenn alles in der Nähe und greifbar ist, so kommt dies seiner Bequemlichkeit zugute. Um dem Feuer-Menschen das Gefühl zu nehmen, in der alles umhüllenden Wasser-Energie zu ersticken, sollte der Wasser-Partner die Bereitschaft mitbringen, von Zeit zu Zeit das gemütliche Bett zu verlassen und sich auch an ungewöhnlichen Orten lieben zu lassen. Feuer-Menschen lieben die Abwechslung und benötigen von Zeit zu Zeit ein gewisses Gefahrenmoment, um sich lebendig zu fühlen.

Wasser–Holz

Dies ist eine sehr innige Verbindung, zu der man eigentlich nur raten kann. Wasser und Holz gehen liebevoll und verantwortungsbewusst miteinander um und haben kaum Verständigungsprobleme. Sie sind ein Paar, das es nicht nötig hat, mit äußerlichen Attributen zu glänzen, sondern das durch seine angenehme Ausstrahlung nach außen besticht. Oft so sehr, dass andere Menschen neidisch werden können. Für eine Wasser-Holz-Beziehung ist ein schönes Ambiente zu Hause lebensnotwendig. Verwöhnen Sie sich ruhig ein wenig mit Luxus: Kaufen Sie sich schöne Düfte, Badeaccessoires, ein ausgefallenes Bett, das Sie auch tagsüber mit Kissen und Foulards als Liegestatt nutzen. Sie arbeiten viel – oft zu viel – und wenn Sie dann die Türen hinter sich schließen, lieben Sie es üppig. Weiche Kissen, eine gemütliche Sitzlandschaft sind genau richtig, um Ihnen das Gefühl von Geborgenheit, Entspannung und Zu-Hause-Sein zu vermitteln.

Wasser–Erde

Hier prallen Fantasie und Sich-nicht-festlegen-Können auf Sicherheit und Beständigkeit. Wasser und Erde sind zwei recht gegensätzliche Partner, die öfter konkurrieren als sich zu ergänzen. Die Spielfreudigkeit des Wassers tut sich schwer mit der Zielstrebigkeit von Erde. Dies gilt vor allem für die Sexualität. Während Wasser den Liebesakt gerne ein wenig hinauszögert, sich hingibt, um dann überraschend zu dominieren, steuert Erde geradlinig auf das Ziel zu und kommt oft schnell zum Höhepunkt. Für Wasser ist das auf die Dauer zu langweilig und es können ernste Differenzen auftreten. Achten Sie darauf, dass die Verführung im Alltag bei Ihnen nicht zu kurz kommt. Richten Sie Ihre Wohnung also entsprechend ein: mit einem nicht zu hohen Bett, das Ihnen das Gefühl gibt, auf der Erde zu schlafen, nah an dem Boden der Natur. Bauen Sie sich einen Wüstenhimmel darüber: ein Sternenzelt aus Stoff, sodass Sie mitten in der Stadt das Gefühl haben, in der freien Natur zu übernachten. Ohnehin sollten Sie sooft als möglich die Natur in Ihr Liebesspiel einzubeziehen. Wenn Sie sich nicht draußen lieben können, versuchen Sie doch, dabei Musik mit Geräuschen der Natur zu hören: Vogelgezwitscher, Wellenrauschen, das Rauschen der Bäume im Wald, den Gesang der Wale … Die dort herrschenden Energien sorgen dafür, dass die Gefühle fließen und verhindern eine zu schnelle Entladung der Energien.

Die vier Schritte zur energetischen Hausreinigung

Bitte lesen Sie dieses Kapitel zuerst **ganz** durch, bevor Sie mit den unten stehenden Techniken beginnen! Sie sollten sich darüber im Klaren sein, wie Sie Ihre energetische Hausreinigung planen, welche Rituale Sie verwenden und wie Sie den Ablauf gestalten wollen.

Ihre Wohnung kann ständig Energie von den unzähligen Kräften, die sie umgeben, empfangen, und umgekehrt kann sie ihre eigene einzigartige Energie aussenden, ihre individuelle Bedeutung und Stärke. Wenn Sie Ihr Zuhause geordnet und harmonisiert haben, wird es zum Sammelpunkt und Ausgangspunkt von Energie. Ihr Zuhause wird eine Insel des Friedens und ein Raum der Liebe, der die Kräfte und Klarheit des Universums anzieht und andererseits diese Qualitäten an die Welt weitergeben wird.

Um dies zu erreichen, ist es zunächst notwendig, die vier Grundschritte der Hausreinigung durchzuführen. Diese Schritte sind:

✦ Vorbereitung
✦ Reinigung
✦ Weihe
✦ Bewahrung

Sie können diese vier Schritte als eine Art Basisarbeit ansehen, innerhalb derer Sie mit verschiedenen eigenen Techniken je nach Ihren speziellen Bedürfnissen improvisieren können.

Vorbereitung:
Die richtigen Fragen stellen

Die Vorbereitung für eine Hausreinigung können Sie je nach Ihren Gewohnheiten gestalten. Es ist jedoch wichtig, dass vor der eigentlichen Reinigung irgendeine persönliche Vorbereitung durchgeführt wird. Zwei Dinge sind hierbei entscheidend: Erstens, Sie müssen sich im Klaren darüber sein, was die Absicht und der Zweck dieser Ihrer Reinigungsarbeit sind, und zweitens, Sie müssen sich darauf mit spirituellen und körperlichen Übungen einstimmen.

Energie oder Chi fließt immer in die Richtung, in die Sie Ihre Absicht und Aufmerksamkeit richten. Ihr Ziel, Ihre Zielvorstellung – und zwar nicht nur Ihre bewusste, sondern auch Ihre unbewusste – ist daher bei jeder Art von Reinigung, die Sie durchführen, wesentlich. Da es vor allem Ihre **innere** Absicht ist, die das Resultat der Hausreinigung bestimmt, ist es entscheidend, sich über Ihre wirkliche Absicht klar zu werden, wenn Sie einen Raum reinigen wollen. Wenn Sie selbst von einer positiven Energie geprägt sind, wird die Reinigung, die Sie durchführen, leicht und harmonisch vor sich gehen.

Beantworten Sie daher für sich selbst zunächst einmal folgende Fragen: **Was ist der Zweck meiner Hausreinigung?** Wenn es Ihr Ziel ist, Energie für das Wohl der Hausbewohner zu erzeugen … dann wird es so sein. Wenn Sie ein sicheres Heim für das Heranwachsen Ihrer Kinder schaffen wollen … dann wird es ebenso sein.

Wenn Sie einen bestimmten Raum reinigen wollen, um zum Beispiel Ihre Gesundheit zu fördern, kreative Arbeit zu leisten, ein warmes soziales Zentrum zu schaffen, in dem sich Freunde und Familie treffen, oder ein Liebesnest zu bauen, in dem Sie Ihren Partner oder einen neuen Liebhaber magisch anziehen können, dann nehmen Sie sich Zeit, dieses Ziel klar zu definieren. Fragen Sie sich: Welche spezifischen Ergebnisse möchte ich für mich und meine Mitbewohner erreichen?

Schreiben Sie das Ergebnis Ihrer Überlegungen (und möglichst auch: Eingebungen) auf, identifizieren Sie sich mit ihm. Das braucht vielleicht

Zeit und erfordert Geduld, aber es ist der erste wichtigste Schritt. Wenn Sie sich einmal über Ihr Ziel klar geworden sind, müssen Sie nicht weiter darüber nachdenken. Denn dieses Ziel wird aus Ihrem persönlichen Energiefeld ausströmen, während Sie das Haus reinigen. Ihre Absicht geht in Ihr Energiefeld über, und alle Techniken, mit denen Sie arbeiten, funktionieren Hand in Hand mit dieser ausströmenden Absicht.

Ihr Bewusstsein dessen, was Sie tun, während Sie Ihr Zuhause reinigen, umfasst nur einen kleinen Teil dessen, was wirklich geschieht. Intuitiv hängen Sie vielleicht einfach nur einen hellen Kristall in ein Fenster, und dies wird möglicherweise eine Serie von Ereignissen verursachen und weitreichende Effekte nach sich ziehen. Wenn Ihre Absicht klar und konzentriert ist, wird alles, was Sie während der Hausreinigung tun, ein Akt sein, der voller Energie ist. Je klarer Sie Ihre Absicht zu Beginn formulieren, desto intensiver sind die nachfolgenden Wirkungen.

Stellen Sie sich vorab noch eine weitere Frage, diesmal noch genauer: **Was will ich damit erreichen, wenn meine Räume zur Gesundheit beitragen, die Kreativität fördern, ein Zentrum des Zusammenkommens oder ein Liebesnest werden?** Will ich zum Beispiel in bestimmten Körperpartien schmerzfrei werden, will ich zu malen anfangen, einen neuen Freundeskreis gründen oder einen bestimmten Partner für mich gewinnen?

Teilen Sie dieses schon sehr spezifische Ziel dann noch in weitere Teilziele auf. Sie könnten sich zum Beispiel entschließen, einen Arbeitsbereich für Ihr Schreiben zu schaffen, der vom alltäglichen Lebensbereich, Ihrer Wohnung abgetrennt ist. Ist Ihr Ziel, einen sozialen Mittelpunkt zu schaffen, einen Treffpunkt für Freunde und Familie, die ihr Leben miteinander teilen möchten, werden Sie vielleicht überlegen, welche spezifischen Elemente ein solches soziales Zentrum haben sollte: eine Küche mit einem großen Eichentisch in der Mitte, in einem lichtdurchfluteten Raum? Treffen sich Menschen, die miteinander lachen, sich unterhalten, während Sie selbst gesunde und leckere Gerichte kochen? Oder sehen Sie sich und Ihre Freunde abends in einem warm beleuchteten Raum, vor einem knisternden Feuer im Kamin, einfach zum Vergnügen dort versammelt?

Sprechen Sie auch mit Ihren Mitbewohnern über **deren** genaue Ziele und Visionen: Was sind ihre Träume? Besprechen Sie gemeinsam den Zweck der

Hausreinigung, das verstärkt auch das Gefühl der Gemeinschaft; die Energie jedes Einzelnen wird zu dieser Reinigung beitragen, und jeder wird einen größeren Nutzen von der neuen Energie Ihres Zuhauses haben.

Spirituelle und körperliche Vorbereitung

Entscheiden Sie sich am Tag vor einer Hausreinigung für die Methode, mit der Sie arbeiten möchten. Stellen Sie sicher, dass Sie alles Notwendige zur Hand haben.

Der schnellste Weg, die Energie eines Hauses zu reinigen ist die sorgfältige Entrümpelung der gesamten Wohnung und ein anschließender Hausputz. Trennen Sie sich von allem Unnützen! Wir kennen alle die unterschiedlichen Gefühle, die wir in einem Haus vor und nach einem Hausputz haben. Wenn ein Durcheinander aufgeräumt ist, macht das nicht nur einen psychologischen Unterschied für uns. Wenn Ihr Haus sauber ist, gibt es feine Veränderungen der Energiefelder, die für Menschen spürbar sind.

Vor einer Hausreinigung der Art, um die es hier geht – nämlich einer energetischen –, ist es sinnvoll, das Haus auch wirklich zu putzen und zu reinigen. Je gründlicher, desto besser. Waschen Sie die Fenster. Saugen Sie unter dem Bett Staub. Putzen Sie Ihr Haus von oben bis unten sorgfältig und gründlich, und, wenn es geht, auch mit Freude. Dies wird die energetische Reinigung erleichtern und verleiht Ihrem Zuhause ein stärkeres Energiefeld.

Essen Sie am Abend vor der Chi-Reinigung nichts oder nur eine leichte Mahlzeit, gehen Sie nicht mit einem vollen Magen ins Bett. Bereiten Sie die Instrumente vor, die Sie am darauf folgenden Tag für die Reinigung brauchen. „Läutern" Sie diese Instrumente durch Rauchbewegungen. Wenn das Wetter schön ist, stellen Sie sie am Tag zuvor einige Stunden in die Sonne. Wenn Sie zum Beispiel bei Ihrer Zeremonie mit einer Rassel arbeiten, halten Sie sie über rauchenden Salbei oder Räucherstäubchen. Stellen Sie sicher, dass die Kleider, die Sie während dieser Zeremonie tragen, ebenfalls gereinigt sind. Sind sie sauber, lassen Sie sie in der Sonne auslüften (bei schönem Wetter), oder bewegen Sie sie über Rauch.

Wenn Sie entsprechend spirituell orientiert sind, dann bitten Sie Ihren geistigen Führer oder Ihren Schutzengel vor dem Zubettgehen, jede Zelle Ihres Körpers während des Schlafes zu durchdringen, Ihnen Kraft zu verleihen und Sie während der Reinigung am nächsten Tag ein Kanal für die höhere Energie sein zu lassen.

Stehen Sie vor Sonnenaufgang oder am sehr frühen Morgen auf. Die Energie der Erde ist zu diesem Zeitpunkt frischer und stärker.

Meditieren Sie, bitten Sie um Beistand und Begleitung von Ihren persönlichen Führern, Schutzheiligen und der höheren Macht. Richten Sie Ihre Energie auf den Tag, stellen Sie sich vor, wie Sie von Raum zu Raum gehen und jeden Raum reinigen und klären. Stellen Sie sich auch vor, dass die Zeremonie beendet ist und Ihr ganzes Zuhause von heller, leuchtender Energie strahlt.

Nehmen Sie ein Salzbad. Dies soll Sie vor Ihrer Zeremonie säubern. Geben Sie dazu ein Pfund Meersalz in das Badewasser, baden Sie mindestens 20 Minuten darin. Sie können sich nach dem Bad abduschen. Wenn Sie keine Badewanne besitzen, reiben Sie während des Duschvorgangs Salz über Ihren Körper, lassen Sie das Salz einige Minuten einwirken und waschen Sie es dann ab. Reiben Sie bei der Reinigung in der Dusche auch Salz auf Ihre Fußsohlen.

Ziehen Sie die Kleidung an, die Sie sich für die Zeremonie bereitgelegt haben. Tragen Sie keine Schuhe, denn Ihre Fußsohlen sind unbekleidet empfänglicher für die Energie in Ihrem Haus. Sammeln Sie Ihre Werkzeuge, die Sie für die Reinigung brauchen. Sie sind jetzt bereit.

Sie könnten zum Beispiel eine Glocke benützen, um stagnierende Energie aufzulösen, und danach die gleiche Glocke verwenden, um die göttliche Energie zu beschwören. Eine Trommel ist ebenfalls ein kraftvolles Instrument, um stagnierende Energie zu vertreiben. Sie kann später auch dazu verwendet werden, heilende Energie für Ihr Zuhause zu erbitten. Sie könnten zum Beispiel eine Glocke benützen, um stagnierende Energie aufzulösen, und danach die gleiche Glocke verwenden, um die göttliche Energie zu beschwören. Eine Trommel ist ebenfalls ein kraftvolles Instrument, um stagnierende Energie zu vertreiben. Sie kann später auch dazu verwendet werden, heilende Energie für Ihr Zuhause zu erbitten. Lassen Sie sich von Ihrem Gefühl leiten, vielleicht fühlen Sie sich ja auch von anderen Techniken mehr angezogen und wollen lieber mit Salz oder Wasser arbeiten? Vielleicht sagt Ihnen das Räuchern oder das bloße Auslüften Ihrer Wohnung mehr zu. Es gibt keine starren Vorschriften, welches Mittel generell die beste Wirkung hat.

Reinigung:
Den Energiestau beseitigen

Raumenergie ist wie das Wasser eines Gebirgsbaches. Stellen Sie sich vor, dass der Bach eine Biegung entlang fließt, und in dieser Biegung sammeln sich im Laufe der Zeit Äste und Abfälle an, die teilweise den Durchfluss von klarem Wasser verhindern. Sie können diesen Abfall nach einer Weile zwar entfernen, aber die Blätter werden sich wieder stauen. Raumreinigung ist wie die Entfernung der Abfälle in diesen kleinen Bächen, Sie geben den Bereichen des Raumes neue Energie, in denen sie stagnierte und brachlag. Sie werden nach einer Zeit bemerken, dass die Energie in diesen Ecken sich erneut staut, es ist also notwendig, dieses Ritual regelmäßig vorzunehmen.

Energie staut sich besonders in Raumecken, weil Energie in kreisförmigen und spiralförmigen Bewegungen fließt und nicht in Ecken hineinreicht. Sie stagniert auch, wenn in einem Raum Krankheiten und negative Gefühle erlebt wurden. Sie kann ebenso blockiert sein durch die Ausstrahlung oder Platzierung bestimmter, meist „ungeliebter" Möbel und Gegenstände im Raum.

Beginnen Sie Ihr Reinigungsritual an der Eingangstür der Wohnung, und machen Sie sich die Absicht, die hinter der Reinigung steckt, nochmals bewusst. Wenn Sie die Wohnung betreten, gehen Sie folgendermaßen vor:

Öffnen Sie sich der Energie, die durch Ihren Körper fließt. Strecken Sie Ihren Körper einmal völlig durch. Energie fließt an den Meridianen und Oberflächen der Knochen Ihres Körpers entlang. Damit Ihre Energie durch

Körper und Gelenke fließen kann, ist es wichtig, dass Ihre Gelenke gelockert und nicht blockiert sind. Strecken Sie jedes einzelne Gelenk aus.

Diese Aufwärmübung für Tänzer oder Kampfsportler kann hilfreich sein: Beginnen Sie damit, Ihre Finger langsam gegen die Decke zu strecken, zunächst eine Hand, dann die zweite. Bewegen Sie sich langsam und fließend. Nach mehreren Wiederholungen möchten Sie vielleicht Ihre Arme langsam ausstrecken und zur entgegengesetzten Seite, nach unten, bewegen. Ihre Knie sollten leicht gebeugt sein. Strecken Sie Ihre Arme zu Ihren Zehen. Wiederholen Sie diese Übung mehrere Male.

Das ist nur ein Vorschlag. Jede Aufwärmübung, die Ihnen und ihrem Körper angenehm ist, ist passend. Tun Sie nichts, was Ihnen wehtut. Wichtig ist, dass Energie durch Sie fließt, um blockierte Bereiche zu befreien – damit Freude in Sie einfließen kann und Sie aus allen Zellen von Kopf bis Fuß strahlen. Trinken Sie, bevor Sie beginnen, noch ein großes Glas klares Wasser. Dadurch wird der Fluss bioelektrischer Energie durch Ihren Körper erleichtert.

Stellen Sie sich nun in die Mitte des ersten Raumes, den Sie reinigen möchten. Entwickeln Sie eine mentale Vorstellung von sich selbst, und strahlen Sie Ihr Ziel (das Sie durch Ihre vielen Fragen geklärt haben, siehe oben!) in diesen Raum. Atmen Sie tief und kräftig durch. Bei jedem Ausatmen erfüllen Sie das Zimmer mit Ihrer Aura. Erweitern Sie Ihr Selbst, stellen Sie sich vor, selbst zum Raum zu werden. Beruhigen Sie Ihren Geist, danken Sie durch ein Gebet für die Hilfe, die Sie während der Raumreinigung erhalten werden. Die besten Gebete sind die spontanen, die aus Ihrem Herzen kommen, sie sind besser als formale oder im Gedächtnis verhaftete. Bitten Sie Ihren Geist/Schutzengel um Unterstützung und Führung für Ihre geplante raumreinigende Zeremonie.

Krempeln Sie dann die Ärmel hoch und sensibilisieren Sie Ihre Hände. Ihre Hände müssen sauber sein. Eine wirkungsvolle Methode zur Sensibilisierung der Hände ist, sie mit den Handflächen zueinander wenige Zentimeter entfernt zu halten und sie langsam zusammen- und wieder auseinander zu bewegen. Es sollte sich so anfühlen, als ob sich in jeder Hand ein Magnet befände, und diese zwei Magneten Ihre Hände zusammenziehen und auseinander drücken. Stellen Sie sich dabei vor, dass sich zwischen

Ihren Handflächen eine Lichtkugel befindet, die mit jeder Bewegung Ihrer Hände heller und heller wird. Atmen Sie bei dieser Übung tief und kräftig durch.

Beginnen Sie mit der östlichsten Ecke des Zimmers und gehen Sie dann durch den Raum. Fühlen Sie mit Ihrer linken Hand, wo die Energie sich stickig oder unregelmäßig anfühlt. Mit Ihrer rechten Hand nehmen Sie die Reinigung mit einer Glocke oder einer Rassel, einem Wassersprüher oder Salz und so weiter vor.

Ihre Intuition wird Sie zu den Bereichen stagnierender Energiefelder leiten. Zweifeln Sie nicht an diesen Gefühlen und lassen Sie Ihren kritischen Verstand los.

Vielleicht haben sie manchmal das Gefühl, dass Sie Energie mit Ihrer rechten Hand fühlen möchten, während Ihre linke Hand das Instrument hält. Das ist gut so. Tun Sie das, was sich am besten für Sie anfühlt. Vielleicht brauchen Sie einmal beide Hände für die Reinigung. Sie werden dies genau wissen, wenn Sie in den Raum hören. Öffnen Sie Ihren Geist der Energie des Raumes, Sie werden schließlich hören, um was er Sie bittet, und Sie werden sich den individuellen Bedürfnissen jeden Raumes oder jeder Situation anpassen können. Die Zeremonie muss den verwendeten Instrumenten und den Umständen jedes einzelnen Raumes angepasst werden. Gehen Sie weiter durch den Raum, während die Energie leichter und feiner wird.

Es gibt vier Möglichkeiten herauszufinden, ob der Raum von stagnierender Energie gereinigt wurde:

1. Farben wirken heller, wie die Sonne nach einem Platzregen (ein Zimmer mit blockierter Energie wirkt dumpf und leblos).
2. Geräusche sind klarer und schärfer (in einem stagnierten Raum sind Geräusche gedämpft).
3. Sie können durchatmen (Sie bemerken bei stagnierender Energie manchmal Kurzatmigkeit, als ob nicht genügend Sauerstoff im Raum wäre).
4. Sie fühlen sich leichter und freier (ein blockierter Raum gibt Ihnen das Gefühl von Schwere – Sie fühlen sich manchmal, als ob Sie durch Schlamm waten).

Weihung:
Bitte um Schutz „von oben"

Wenn Sie die stagnierende Energie in Ihrem Haus oder Ihrer Wohnung zum Fließen gebracht haben, möchten Sie Ihr Zuhause in einem einfachen Ritual mit hellem Licht und kristallklarer Energie erfüllen. Dies nennt man Beschwörung, Weihe oder Heiligung. Sie bitten dabei eine höhere Kraft um Hilfe, Segen, Unterstützung und Inspiration. Dies nicht zu tun, wäre wie eine Blumenvase zu reinigen und niemals frische Blumen hineinzustellen. Bitten Sie Ihre höhere Macht bei der Weihung, Ihr Heim mit heilender Energie zu erfüllen. Wenn Sie die göttliche Energie in Ihr Zuhause rufen, drücken Sie möglichst genau aus, wohin die gewünschte Energie fließen soll. Behalten Sie dabei Ihre Antworten auf obige Fragen im Sinn. Vielleicht möchten Sie die Energie Ihrer Wohnung zum Beispiel der Zusammenkunft mit Freunden, der Kreativität oder der Liebe widmen.

Nach der Hausreinigung müssen Sie, um das Haus zu weihen, eine neue Gangart wählen. Atmen Sie einige Male tief ein und aus und beginnen Sie dann, zur Einstimmung Ihren Körper sanft und rhythmisch zu schütteln. Vielleicht fühlen Sie, dass in Ihrem Körper eine leise Vibration entsteht, die Ihren ganzen Körper erfüllt. Während Sie sich schütteln, kommen Sie vielleicht zu dem Punkt, an dem Sie sich nicht mehr willentlich schütteln, sondern Sie erlauben sich selbst, geschüttelt zu werden. Lassen Sie jetzt Ihren Verstand los. Während Sie sich schütteln, ziehen Sie die Energie, die sich mit der Vergangenheit und der Zukunft beschäftigt, zurück. Die Idee, dass die Zeit linear verläuft, ist eine Erfindung des menschlichen Geistes, eine Illusion. Schütteln Sie die Gedanken der Vergangenheit weg. Schütteln Sie Ihre Bedenken, was Ihre Zukunft betrifft, hinweg. Lassen Sie alles gehen und erreichen Sie Ihr kostbares Jetzt, den einzigen Zeitpunkt, den wir wirklich haben. Wenn dies geschieht, wenn Sie spüren, dass Sie ganz im Augenblick leben und ganz bei sich sind, findet eine bemerkenswerte Explosion von Kreativität statt, die Sie erfüllen wird. Erlauben Sie dem Schütteln, nachzulassen und sich zu entfernen, halten Sie einen Moment still, um die Energie zu spüren und durch Ihren Körper fließen zu lassen.

Lassen Sie jetzt Ihre innere Energie und Ihr Bewusstsein Ihr Heim erfüllen. Die Gesamtsumme der Energie, die ein Individuum ausmacht, ist das, was wir die Aura des Menschen nennen. Stellen Sie sich vor, wie Ihre vorher geklärten Ziele in Energiewellen aus Ihnen herausfließen. Atmen Sie tief und kräftig durch. Dehnen Sie bei jedem Ausatmen Ihre Aura aus, um jeden Raum mit ihr zu erfüllen. Erweitern Sie Ihr Bewusstsein Ihres Selbsts, damit Sie zu Ihrem Zuhause werden, fühlen Sie sich eins mit Ihrer Wohnung. Umarmen Sie mit jedem Atemzug Ihr Zuhause, bis Sie fühlen, dass Sie Ihr Zuhause atmen. Sie stellen so die intensivste Verbindung her.

Stellen Sie sich in den Raum, der den Mittelpunkt Ihres Heimes darstellt und bitten Sie Ihre höhere Macht oder Ihren Schutzengel um Hilfe, um das Heim mit höherer Energie zu erfüllen. Noch einmal: Die besten Gebete kommen direkt aus Ihrem Herzen und sind nicht vorformuliert oder in Ihrem Denken verankert. Beten Sie zum Beispiel darum, dass gute Gedanken und Handlungen aus Ihrem Haus ausströmen, dass Ihr Zuhause Wohlbehagen und Gesundheit für alle Bewohner bringen oder ein heilendes Zentrum von Liebe und Licht sein möge.

Wenn Sie das Gebet beendet haben, können Sie es mit einem Ihrer Instrumente versiegeln. Klingeln Sie zum Beispiel am Ende Ihres Gebetes mit der Glocke. Sie könnten auch nach dem Gebet Wasser in alle vier Himmelsrichtungen sprengen. Denken Sie daran, es ist nicht so wichtig, **welches Instrument** Sie einsetzen, sondern **was** Sie in Ihrem Herzen und Ihrem Geist während jeder einzelnen Zeremonie empfinden.

Nachdem Sie Ihr Zuhause nun als Ganzes gesegnet haben, gehen Sie von Raum zu Raum, um für jeden einzelnen Bereich Energie herbeizubeschwören. Denken Sie daran, Ihre spezifischen Ziele miteinzubeziehen. Stehen Sie bei der Weihe in der Mitte jedes Raumes. Wenn Sie eine sehr große Wohnung haben, brauchen Sie nicht in jedem einzelnen Raum viel Zeit zu verbringen, weil sonst der Vorgang zu lange dauert und Ihre Konzentration nachlässt, aber es ist wichtig, dass jeder Raum berücksichtigt wird.

Bei der Hausreinigung müssen Schränke, Nischen und Ecken miteinbezogen werden, aber wenn Sie Energie in einen Raum beschwören, ist es nicht notwendig, zu jedem einzelnen Schrank zu gehen und die Aufmerksamkeit in jede Ecke zu lenken. Ihre Absicht kann durch die ungehinderten

Energiewege eines gereinigten Raumes fließen. Öffnen Sie einfach alle Zimmertüren, bevor Sie beginnen.

Vergessen Sie nicht, sich nach der Heiligung aller Räume für den Beistand, der Ihnen zuteil geworden ist, zu bedanken.

Bewahrung:
Die Energie im Haus halten

Wenn Sie ein Haus von stagnierenden Energien gereinigt haben und neue, heilsame Energie beschworen haben, ist es wichtig, die herbeigerufene Energie zu bewahren. Es gibt dafür wieder einige wirkungsvolle rituelle und symbolische Handlungen: Sie könnten zum Beispiel nach der Beschwörungszeremonie einen Quarzkristall, der gereinigt wurde, der Harmonie und dem Frieden Ihres Heimes widmen. Platzieren Sie den Kristall gut sichtbar in einem der Haupträume, damit er weiterhin eine harmonische, friedvolle Energie ausströmen kann und Sie an Ihren Wunsch und Ihre Ziele erinnert, sobald Sie ihn erblicken.

Eine andere Methode wäre, dass Sie auf einem Stück Papier niederschreiben, was genau das allgemeine Ziel für das Zuhause als Ganzes ist. Vielleicht besorgen Sie sich eine bestimmte Zimmerpflanze in der Absicht, dass sie die Energie in diesem Haus bewahren soll. Falten Sie das Papier mit Ihrem aufgeschriebenen Ziel und legen Sie es in die Erde nahe der Wurzeln dieser Pflanze. Immer wenn Sie diese Pflanze wässern, können Sie Ihre Absicht wiederholen und Sie wissen, dass der Lebensgeist der Pflanze zur Energie Ihres Zuhauses beitragen und sie bewahren wird. Oder seien Sie kreativ und erfinden Sie selbst ein geeignetes Ritual oder Symbol, das dazu dient, die höheren Energien in Ihrem Zuhause zu halten.

So schaffen Sie sich Ihr Liebesnest

Tipps und Anregungen rund ums Bett

Hier geht es um das Zimmer, in dem Sie zu Hause die meiste Zeit Ihres Lebens verbringen – das Schlafzimmer. Dies ist der privateste Raum des Hauses, den Gäste eigentlich nur betreten, wenn sie dazu aufgefordert werden. Ich bin immer wieder überrascht, wie lieblos dieser Bereich in vielen Wohnungen gestaltet ist. Viele Menschen scheinen gar nicht daran zu denken, dass sie während einer normalen Arbeitswoche in diesem Raum mehr Zeit verbringen als in jedem anderen Zimmer ihrer Wohnung. Selten lässt man das Wohnzimmer, den Bereich, in dem man Gäste empfängt, in unaufgeräumtem Zustand. Dort ist es uns sehr wichtig, was andere von uns denken, wir wollen „Eindruck machen". Das Schlafzimmer, der privateste Teil unseres Hauses, den kein Fremder betritt, zeigt uns aber, was wir selbst von uns halten und wie sehr wir uns selbst schätzen.

Wenn das Schlafzimmer der Bereich Ihres Hauses war, der bei der Gestaltung zuletzt an die Reihe kam, könnte es gut sein, dass auch Sie dazu neigen, sich selbst hintenanzustellen. Was wir uns im Schlafzimmer gönnen, leisten wir uns selbst. Wie es dort aussieht, zeigt mir stets, wie wichtig sich der Bewohner oder die Bewohnerin ganz persönlich nimmt, welchen Respekt er oder sie sich selbst entgegenbringt. Es gibt Wohnzimmer, in denen das

Auge nicht weiß, wohin es zuerst schauen soll: Glasschränke, Bücherregale aus Chrom, oft kombiniert mit üppigen Couchlandschaften und/oder luxuriösen Essbereichen. Betritt man dann das Schlafzimmer, so meint man, in einer anderen Wohnung zu sein: Dort steht vielleicht noch das Bügelbrett, Kleidung liegt herum, die Bettwäsche sieht aus, als sei sie vor Jahrzehnten gekauft worden, ein riesiger Ankleideschrank scheint das Bett beinahe zu erschlagen. Erlebnisse dieser Art haben mich dazu veranlasst, dem Schlafzimmer ein ganzes Kapitel in diesem Buch zu widmen, denn Liebe und Erotik sind für die meisten von uns nun einmal mit dem Schlafzimmer und dem Bett darin verbunden.

Erste Voraussetzung für eine erfüllte Liebe: gesunder Schlaf

Lassen Sie uns mit der Tätigkeit beginnen, die wir im Schlafzimmer am häufigsten praktizieren: dem Schlaf. Ohne ausreichende Nachtruhe fühlen wir uns abgeschlagen und matt, sind lustlos und schlechter Laune. Aufgrund schlechten Schlafs wird unser Körper längerfristig anfälliger für Erkältungen, und: Wir haben auch keine Lust auf Liebe! Ich denke, das sind genug Gründe, um sich ein paar Gedanken rund um das Thema „Schlaf" zu machen:

Viele Menschen haben heutzutage Schwierigkeiten mit ihrer Schlafqualität. Sie können schlecht einschlafen oder wachen nachts mehrfach auf. Am nächsten Morgen fühlen Sie sich deshalb wie gerädert und können nicht die gewohnte Leistung erbringen. Oftmals denken wir gar nicht daran, dass unsere Umgebung einen wesentlichen Einfluss auf die Schlafqualität haben kann. Wer in einem unbequemen Bett und einem unruhigen Umfeld schläft, braucht sich jedoch nicht zu wundern, wenn er nicht die nötige Erholung findet. Unser Körper ist dann anfälliger für Erschöpfungszustände und Krankheiten aller Art. Wir verbringen einen Großteil unseres Lebens im Schlaf. Wichtig ist also, darauf zu achten, in welcher Umgebung unser Schlaf sich einstellt. Denn nur wenn wir uns gesund und ausgeruht fühlen, kann auch unsere Erotik erfüllt und befriedigend sein.

In einem Zimmer zu schlafen, das unruhig gelegen und vielleicht noch mit synthetischen Materialien ausgestattet ist, bedeutet, dass wir jede Nacht stundenlang ungünstiger Energie ausgesetzt sind. Nicht nur von Hochspannungsleitungen gehen elektromagnetische Felder aus, die sich krankheitsfördernd auf unseren Körper auswirken. Auch die Gegenstände in unserer direkten Umgebung können störende Energien aussenden. Oft nehmen wir es nicht einmal wahr. Wenn Sie sich selbst also etwas Gutes tun wollen, so leisten Sie sich und Ihrem Partner ein wirklich gutes Bett und Bettwäsche aus gesunden, natürlichen Materialien, an der Sie sich erfreuen. Selbstverständlich gilt dies auch für die Kleidung, die Sie nachts tragen: Auch hier sollten Sie Synthetikstoffe meiden. Verzichten Sie auf polyestergefüllte Decken und andere synthetische Materialien. Diese stören die Atmungsaktivität des Körpers. Außerdem kann bereits durch geringe Reibungsbewegungen eine enorme statische Elektrizität entstehen, die die Schlafqualität erheblich beeinträchtigt.

Wenn möglich, ersetzen Sie die Matratze, den Rahmen und die Bettwäsche durch Naturmaterialien. Oftmals ist uns beim Kauf eines Bettes, der Matratze oder der Bettwäsche gar nicht bewusst, dass es sich um Kunststoff handelt. Es ist erst unser Körper, der Hinweise gibt, dass er sich nicht wohl fühlt. Atemprobleme, Juckreiz, Kopfschmerzen, dauernde Gereiztheit können ein Hinweis darauf sein, dass Sie von zu viel Kunststoff in Ihrer Umgebung gequält werden. Der Ort, an dem Sie am wenigsten damit rechnen, mit Giften in Berührung zu kommen, ist wohl Ihr eigenes Bett. Aber gerade in Schlafräumen werden heute zunehmend synthetische Stoffe verwendet. Manchmal enthalten die bügelfreien Bettücher und polyestergefüllten Decken Formaldehyd, das niemals völlig verschwindet. Achten Sie auf die Materialkennzeichnung, wenn Sie neue Anschaffungen für Ihren Schlafraum tätigen. Und noch eins: Verbannen Sie Plastik aus Ihrem Schlafraum! Also weg mit den Plastikumhüllungen, in denen wir die von der chemischen Reinigung gesäuberten Kleider zurückerhalten und weg mit Plastikverpackungen!

Das Schlafzimmer als Energiefeld

Stellen Sie sich Ihr Schlafzimmer stets als Energiefeld vor. Sie verbringen dort einen Großteil Ihres Lebens und nutzen diesen Raum zur Entspannung und für die Liebe. Sie sollten deshalb genau wissen und abwägen, welchen Energien Sie sich dort aussetzen. Ihr Schlafzimmer ist ein Energiefeld, das durch Decke, Boden, Wände und Möbel begrenzt ist. Das Chi, über das wir bereits in den vorangegangenen Kapiteln sprachen, sollte hier möglichst frei fließen können. Achten Sie deshalb darauf, dass gerade in diesem wichtigen Raum außer den nötigen Gegenständen keine Dinge sind, die den Fluss des Chi stören und Ihre Stimmung beeinträchtigen könnten. Dazu zählen vor allen Dingen Deckenbalken, und wenn es irgend möglich ist, sollte Ihr Schlafraum keine schrägen Decken und Wände haben. Vermeiden Sie unbedingt, dass ein Deckenbalken längs über dem Bett verläuft. Dieser kann sich gerade bei einem Paar äußerst störend auf die Kommunikation auswirken. Überquert ein Balken das Bett, so könnte dies zu einer Schwächung des darunterliegenden Körperteils führen. Manche Häuser haben sogar eine Reihe von Balken an der Schlafzimmerdecke. Hier entsteht nach unten gerichteter Druck, der nachts zu Kopfschmerzen und Ein- und Durchschlafschwierigkeiten führen kann. Deckenbalken im Schlafzimmer sind auch für die Liebe nachteilig: Sie wirken wie Hammerschläge für die Beziehung und fördern das Gefühl, vom anderen erdrückt zu werden.

Eine Zeitlang war es Mode, das Kopfende des Bettes in eine aus Regalen oder Schränken gebildete Nische hineinzubauen. Diese Konstruktionen wirken sich wie eine Art „versteckter Balken" aus, das heißt, sie üben auf den oder die darunter liegenden Schläfer großen Druck aus. Wann immer möglich: Befreien Sie sich und Ihr Bett aus diesem belasteten Einzugsbereich. Generell sollte sich über dem Bett überhaupt nichts befinden: keine schrägen Wände, keine Deckenbalken und Regale, keine schweren Bilder.

Denken Sie daran: Gerade im Schlafbereich sollten Energien frei fließen. Auch eine Beziehung und die daraus resultierende Erotik können nur gut sein, wenn freier Energiefluss möglich ist.

Vorsicht ist deshalb auch im Umgang mit Spiegeln im Schlafzimmer angebracht! Diese verstärken das Bild von allem, was sie reflektieren, und können deshalb auch sehr störend sein. Sie können ja versuchsweise einmal nachts einen Spiegel so vor Ihrem Bett aufstellen, dass Sie sich darin sehen können. Sicherlich werden Sie in dieser Nacht häufiger aufwachen: Der Spiegel raubt Ihnen Energie. Brechen Sie das Experiment deshalb nach dieser Erfahrung schnell ab. Stellen Sie sich die Energie eines Spiegels so vor, als leuchteten Sie mit einer elektrischen Taschenlampe oder einem Blitzgerät nachts auf einen Spiegel: Das zurückfallende Licht blendet weitaus mehr als der Lichtstrahl der Birne. Daher haben Spiegel über oder neben dem Bett nichts zu suchen. Sie stören den ruhigen Fluss der Energien, der für einen gesunden Schlaf benötigt wird. Wenn Sie bereits einen verspiegelten Schrank im Schlafzimmer besitzen – der ja meist direkt vor dem Bett platziert ist – sollten Sie ihn nachts mit einem Tuch oder Vorhang verhüllen, sonst brauchen Sie sich über unruhigen Schlaf nicht zu wundern. Ebenso sollte kein Spiegel direkt gegenüber der Schlafzimmertür platziert sein, da er die eintretende Energie wieder zur Tür zurückreflektiert. Die dadurch entstehenden Störungen verhindern den erholungsfördernden sanften Fluss des Chi. Beachten Sie, dass Spiegel, die gegenüber Fenstern angebracht sind, genauso wie Spiegel gegenüber von Türen reflektieren. Dies führt ebenfalls zu einem Störungsbereich, der vermieden werden sollte. Idealerweise sind Spiegel an der Innenseite der Schranktüren im Schlafzimmer angebracht: Dort stören Sie nicht die Erholung, da sie ja nur zu sehen sind, wenn man sie braucht. Runde oder ovale Spiegelformen sind eher zu empfehlen als spitze, aggressive Formen. Achten Sie im Schlafbereich auch auf Handspiegel, die vielleicht offen auf Ihrer Frisierkommode liegen. Da sie ebenfalls einen harmonischen Energiefluss stören können, sollten sie stets mit der Spiegelfläche nach unten liegen.

Ich habe bereits darüber gesprochen, dass der Fluss des Chi im Schlafzimmer durch möglichst wenig Dinge gestört werden soll. Deshalb sollten Sie in diesem Raum selbst Pflanzen sparsam verwenden. Eine große, gesunde Pflanze ist zur Energieauffrischung im Zimmer besser geeignet als mehrere kleinere. Der Raum wirkt dadurch auch nicht so voll gestellt. Platzieren Sie die Pflanze nicht zu nah am Bett, weil sie zwar tagsüber Sauerstoff produziert, nachts jedoch selbst Sauerstoff aufnimmt. Wenn Sie krank sind, sollten Sie unbedingt nachts Pflanzen und Blumen aus dem Zimmer entfernen.

Ein wichtiges Feng-Shui-Mittel sind auch im Schlafzimmer Farben. Grundsätzlich können Sie jede Farbe verwenden, die Ihnen richtig gut gefällt. Rot ist zwar die Farbe der Liebe und eine sehr anregende Farbe für die Erotik, Sie sollten jedoch bedenken, dass Sie sich in diesem Raum auch ausruhen und entspannen möchten. Hierfür ist ein ganz in Rot gestrichener Raum weniger geeignet. Gehen Sie auch sparsam mit dunklen Farben wie

Blau und Schwarz um. Auch hochenergetische wilde Muster in schreienden Farben – auf Bettwäsche oder Tapeten – gehören nicht in einen Schlafraum, der Harmonie vermitteln soll. Halten Sie sich eher an Pastellfarben – ein in Lavendel, Creme oder Pfirsich gestrichener Raum ist anregend und entspannend. Hellblau und Lindgrün haben eine beruhigende Wirkung auf Körper und Seele. Setzten Sie mit roten Farbtupfern, beispielsweise einer Vase, einem Band, roten Kissen oder einem in Rot gehaltenen Bild belebende Akzente. Apropos Bilder: Das Schlafzimmer ist ein Raum, der der persönlichen Intimität und der Zweisamkeit dient. Fotos Ihrer Kinder, die sonst in der ganzen Wohnung ihren Platz haben dürfen, gehören deshalb nicht hierher. In diesem Zimmer sollten Sie ganz bewusst Ihre Elternrolle hintanstellen und sich verstärkt auf sich selbst und ihren Partner konzentrieren.

Sicher haben Sie schon herausgefunden, wie viel Schlaf Sie täglich brauchen. Das Schlafbedürfnis ist von Mensch zu Mensch verschieden. Winston Churchill soll mit vier Stunden Schlaf täglich ausgekommen sein. Es gibt hierfür keine verbindlichen Regeln. Auch hier gilt: Entscheidend ist, wie Sie sich fühlen. Falls Sie ein Langschläfer sind und meinen, neun bis zehn Stunden Schlaf wären das Mindeste für Sie, sollten Sie allerdings wissen, dass sehr viel Schlaf Depressionen geradezu fördern kann. Wenn Sie daher öfter – trotz ausreichenden Schlafs – Stimmungstiefs haben, so könnte es daran liegen, dass Sie zu viel des Guten tun. Versuchen Sie in diesem Fall, Ihren Schlaf zu reduzieren, treiben Sie – falls Sie's bisher nicht getan haben – in Maßen, aber regelmäßig Sport!

Die richtige Position des Schlafzimmers

Wenn Sie in einer heißen Klimazone wohnen, wäre ein Raum an der Schattenseite des Hauses ideal. Ist dies nicht möglich, so können Sie den Schlafraum durch Vorhänge, Rollos oder durch Kletterpflanzen schützen. Achten Sie besonders darauf, dass vor allem Ihr Schlafzimmer nicht im Bereich von Hochspannungsleitungen oder anderer elektromagnetischer Strahlungsquellen liegt. Zusammenhänge zwischen dem dort herrschenden Elektrosmog und ernsthaften Krankheiten wurden bereits von den verschiedensten Seiten festgestellt.

Um die erforderliche Ruhe in den Schlafraum – und damit auch gleichzeitig in den Bereich der Erotik – zu bringen, wäre es wichtig, dass das Schlafzimmer vom Haupteingang Ihrer Wohnung entfernt liegt. Ideal wäre es, wenn es Ausblick auf eine ruhige, natürliche Landschaft böte. Laute Autogeräusche oder die An- und Abfahrt einer Straßenbahn vor dem Haus ist nicht die Energie, die erotisierend wirkt. Achten Sie darauf, dass die Schlafzimmertür nicht genau gegenüber der Tür zum Bad liegt: Im Badezimmer sind viele Abflüsse, durch die Energie verschwindet. Läuft Ihre Schlafzimmertür darauf zu, geht gutes Chi zu schnell verloren.

Wenn Ihr Schlafzimmer im vorderen Bereich der Wohnung nahe an der Tür liegt und eine Veränderung nicht möglich ist, können Sie gegenüber der Schlafzimmertür einen Spiegel aufhängen. Dies bewirkt einen Schutzeffekt für Ihr Liebesnest. Schließlich verbringen wir genau hier unsere intimsten Stunden: Wir sind im Schlafzimmer allein mit uns und unserem Partner. Es ist wohl – außer dem Badezimmer – der einzige Raum der Wohnung, in dem wir uns fast immer nackt und ungeschminkt, eben mit unserem wahren Gesicht zeigen. Es ist der Ort für Bekenntnisse, für wahrhaftige Gespräche. Bei dem, was wir dort tun, sind wir oft am verletzlichsten, daher sollten Sie bei der Wahl des Raumes für Ihr Schlafzimmer bedenken, dass es der Raum ist, in dem wir unbewusst ein natürliches Schutzbedürfnis haben: Im Schlaf ist man schließlich völlig wehrlos und der Körper benötigt Ruhe, um sich zu regenerieren. Diese wichtige Arbeit kann er nicht in einem Raum verrichten, in dem äußerliche und innere Unruhe herrscht. Versuchen Sie also, bereits bei der Auswahl des Zimmers darauf zu achten, dass es sich um den etwas abgeschiedeneren Bereich der Wohnung handelt und richten Sie es sich so ein, dass Seele und Körper den größtmöglichen Nutzen daraus ziehen können: als Oase der Erholung und Entspannung.

Die Einrichtung

Für die meisten von uns ist das Schlafzimmer auch eine Ruhezone, der Bereich, in den man sich zurückzieht, um wieder Kraft tanken zu können. Deshalb ist es wichtig, dass Sie diesen Bereich der Wohnung nicht völlig überladen. Natürlich sollten Sie sich dort ebenso mit schönen Dingen umgeben wie in den übrigen Räumen. Aber achten Sie darauf, dass Ihr Schlafzimmer nicht zur Abstellkammer für all das wird, was in den übrigen Räumen stört.

Ich habe schon Schlafzimmer gesehen, in denen Bügelbretter und Wäscheständer – natürlich behängt mit den zu trocknenden Geschirrtüchern – aufgestellt waren. Es dürfte klar sein, dass in einer derartigen Atmosphäre weder Entspannung noch Erotik gedeihen kann.

Um sich angeregt für die Liebe zu fühlen, ist es nicht erforderlich, dass Sie in diesem Zimmer alles in rotem Plüsch und schwarzem Lack ausstatten. Sollten Sie bereits Experimente in diese Richtung gemacht haben, so dürften Sie wohl nach kurzer Zeit feststellen, dass eine derartige Ausstattung auf Dauer eher schwere, unangenehme Energie erzeugt. Kein Wunder, dass man sie eher in Örtlichkeiten findet, wo man sich nur begrenzte Zeit aufhält …

Wenn Sie Ihren Liebesraum dauerhaft benutzen wollen, ist es ratsam, sich eher an der Ausstattung traditioneller japanischer Schlafräume zu orientieren. Dies bedeutet nun beileibe nicht, dass Sie diese Einrichtungsweise sklavisch übernehmen sollen. Es sind jedoch bestimmt einige Tipps für Sie dabei: Schon auf den ersten Blick stellt man fest, dass natürliche Materialien wie Holz und Bambus und eine schlichte Wanddekoration eine sehr entspannende Atmosphäre erzeugen, die geistige und körperliche Erholung begünstigt. Unsere Verbindung zur Natur wird durch schöne Gegenstände und Dekorationen wie die bekannten Ikebana-Gestecke symbolisiert. Eine große Rolle spielt auch hier das Licht. Niemals ist es grell und aggressiv. Indirektes Licht, das durch Stores oder Rollos geregelt werden kann, ist maßgeblich beteiligt an der angenehmen Atmosphäre. Eine Bodenlampe kann für zusätzliches Licht sorgen.

Natürliche Klänge und Geräusche tragen zur Entspannung bei. Vielleicht ist es Ihnen möglich, in diesem Raum die Regentropfen zu hören oder den Wind, der durch die Bäume vor dem Fenster streicht. Wenn Sie mitten in der Stadt wohnen und unter dem Verkehrslärm leiden, sollten Sie unbedingt in doppelverglaste Fenster und Türen investieren. Ihr Körper wird es Ihnen langfristig danken. Achten Sie auch auf die Temperatur in Ihrem Schlafzimmer. Diese sollte 18 Grad nicht übersteigen. Wann immer möglich, schlafen Sie bei offenem Fenster. Auch wenn wir durch unsere künstliche Beleuchtung unabhängig vom Sonnenlicht sind, bedeutet dies nicht, dass unser Körper sich ebenso der „Neuzeit" angepasst hat. Selbst, wenn Sie eine überzeugte „Nachteule" sind und morgens bei geschlossenem Fenster und völlig abgedunkeltem Raum bis in den Mittag hinein ausschlafen, werden Sie feststellen, dass das Aufstehen entsprechend dem täglichen Kreislauf der Sonne langfristig dem körperlichen Rhythmus eher entspricht, wenn Sie einmal unvoreingenommen damit herumexperimentieren. Sie sind besser gelaunt und fühlen sich vitaler, wenn Sie morgens früher aufstehen: Der ganze Tag liegt ja vor Ihnen!

Sie können diese Wirkung noch unterstützen, indem Sie den Schlafraum so auswählen, dass er gegen Osten liegt und Sie von der Sonne geweckt werden. Wenn Ihr Kopf Richtung Osten liegt, werden Sie ohnehin feststellen, dass Ihr Schlaf erfrischend ist und Sie morgens leicht aufstehen können. Angeblich ist diese Schlafrichtung hervorragend geeignet, wenn Sie Glück im Beruf und in Gelddingen haben wollen!

Allerdings schwören viele Feng-Shui-Meister darauf, das Bett in nord-südlicher Richtung aufzustellen, so dass der Kopf des Schlafenden im Norden liegt. Ich habe beide Varianten getestet – also Kopf Richtung Osten und Kopf Richtung Norden – und fand für mich heraus, dass ich am besten schlafe, wenn mein Kopf im Norden und die Füße in Richtung Süden liegen. Auch hier gilt also, wie mit allen Feng-Shui-Regeln: Probieren Sie es aus, falls Ihnen Ihr Gefühl oder Ihre Intuition nicht bereits klare Hinweise geben.

Elektrische Leitungen, elektrische Wecker, Nachtlampen, Radios und Steckdosen sollten sich jedenfalls nicht in unmittelbarer Nähe Ihres Bettes befinden, egal in welcher Richtung Sie am liebsten schlafen. Sie können den Magnetismus in Ihrem Schlafzimmer kontrollieren, indem Sie einen Kompass langsam über Ihre Federkernmatratze bewegen: Wenn er ausschlägt, sind die Federn und/oder die Matratze höchstwahrscheinlich elektromagnetisch aufgeladen.

Noch ein paar Tipps zur (künstlichen!) Elektrizität in Ihrem Schlafzimmer: Benützen Sie batteriebetriebene Wecker und Radios. Zwar sind die Auswirkungen von Elektrosmog noch nicht völlig erforscht, aber fest steht, dass er sich negativ auf den Erholungsschlaf auswirkt. Auch elektrisch betriebene Wärmedecken, Strahler und Radiatoren können sich so auswirken, dass Sie morgens mit Kopfschmerzen erwachen. Denken Sie daran: Je natürlicher und je weniger, desto besser! Verbannen Sie, wenn möglich, alle elektrisch betriebenen Geräte aus Ihrem Schlafzimmer. Und: Der Fernseher hat hier wirklich nichts zu suchen! Er ist ein wahrer Erotikkiller. Oder haben Sie nach einem langen Fernsehabend schon einmal unwiderstehliche Lust nach Liebe und Sex verspürt? Das Fernsehen vermittelt zwar oft das Gefühl, uns nach dem Stress eines langen Arbeitstages entspannen zu können, doch tatsächlich tötet es jede eigene Aktivität. Setzen Sie es daher gezielt ein, dann nämlich, wenn Sie wirklich total abschalten wollen. Das geeignete Vorspiel für einen Liebesabend ist es jedenfalls nicht, außer wenn Sie sich gemeinsam einen erotischen Film ansehen wollen, der sie beide stimuliert!

Oase und Lustwiese: das Bett

Wählen Sie eine Matratze entsprechend Ihrem Körpergewicht aus. Hier gilt die Regel: Je höher das Gewicht, desto härter die Unterlage. Ein stabiler Lattenrost mit einer hochwertigen Matratze oder einem Futon gewährleistet die notwendige Luftzirkulation. Ihre sexuellen Aktivitäten sollten auf einer durchgehenden Matratze stattfinden: die Ritze, die leider in den meisten Doppelbetten zu finden ist, trennt das Paar und wirkt sich ungünstig auf die Beziehung aus. Wenn Sie auf zwei Matratzen besser schlafen, sollte die Ritze jedenfalls abgedeckt sein.

Haben Sie schon einmal die Erfahrung gemacht, wie unangenehm es ist, in einem Bett schlafen zu müssen, das mit dem Kopfteil zur Tür zeigt? Man wälzt sich schlaflos hin und her und findet keine Ruhe, da es geistige

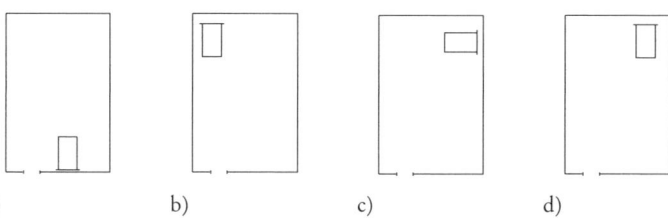

a)   b)   c)   d)

Positionen des Bettes im Schlafzimmer: a) und b) (Die „Sargstellung") sollten vermieden werden, c) und d) zeigen im Verhältnis zur Tür günstige Schlafplätze.

Unruhe erzeugt, den Kopf ungeschützt an der Tür zu haben. Genauso unangenehm ist es, mit den Füßen in Richtung Tür zu liegen. In China wird dies die „Sargstellung" genannt, die unbedingt vermieden werden sollte, da die gesamte Energie durch die sich anschließende Tür abgezogen wird. Idealerweise sollte das Bett deshalb mit dem Kopfteil diagonal gegenüber der Tür stehen. Die Chinesen sagen, in dieser Position habe man „Kontrolle über sein Schicksal", da eintretende Personen sofort wahrgenommen werden können. Um Nervosität und unruhigen Schlaf zu vermeiden, sollte Ihr Bett nicht nahe bei und nicht genau gegenüber der Tür stehen. Wenn der Raum es nicht zulassen sollte, dass Sie es diagonal gegenüber stellen, so sollten Sie ein Windspiel zwischen Bett und Tür anbringen. Auch ein Spiegel gegenüber der Tür kann in diesem Fall für günstigere Energie sorgen. Achten Sie darauf, dass neben einem Doppelbett auf jeder Seite noch so viel Platz ist, dass sich keiner der Partner beengt oder eingesperrt fühlt. Das Bett sollte deshalb außer mit dem Kopfende auch nicht an der Wand stehen, sondern so aufgestellt sein, dass jeder Schlafplatz gut zu erreichen ist.

Natürlich spielt auch die Beleuchtung eine große Rolle für den Charakter eines Raumes. Wählen Sie möglichst keine direkte Deckenbeleuchtung über dem Bett. Aufgrund des elektrischen Schaltkreises beeinträchtigt diese auch im ausgeschalteten Zustand Ihr Wohlbefinden und kann sich störend auf einen gesunden Schlaf auswirken. Auch die beliebten Lampen im Kopfbereich, die oft schon in das Kopfteil integriert sind, können zwar praktisch fürs Lesen sein, wirken jedoch potenziell gesundheitsgefährdend. Ideal sind zwei helle Leselampen **neben** dem Bett.

Ein Wort noch zu Wasserbetten: Sie werden normalerweise von elektrischen Heizstäben aus Metall erwärmt. Ich habe bereits erwähnt, dass Sie möglichst auf Elektrizität in Schlafräumen verzichten sollten. Schon aus diesem Grund wäre von dieser Art Bett abzuraten. Hinzu kommt allerdings noch, dass die Elemente Wasser und Feuer zusammen als destruktiv gelten. Wenn Sie erholsam schlafen wollen und Sie nicht ein Rückenleiden zu einem Wasserbett zwingt, so sollten Sie darauf besser verzichten.

Ähnlich ist es mit Himmelbetten. Das Gefühl, von der Umwelt abgeschnitten und einsam zu sein, dürfte größer sein als das Schutzgefühl, welches durch den Baldachin erweckt werden soll. Sie müssten ein solches Bett ausprobieren, um festzustellen, ob Sie wirklich Erholung darin finden. Aber wer kann schon eine oder mehrere Nächte im Himmelbett „Probe schlafen"? Seien Sie also beim Kauf eher vorsichtig! Eher ist noch zu einem Futon zu raten. Futonbetten dürften jedoch für viele Menschen eine zu flache Bettkonstruktion sein, da sie oft nur zwischen 30 und 50 Zentimeter hoch sind. Ihr Vorteil ist, dass sie meist komplett aus natürlichen Materialien wie Holz, Kapok, Kokos, Latex und Baumwolle bestehen.

Ein anderes Material habe ich im Lauf der Jahre als sehr schlafstörend und liebestötend empfunden: Metall. Es ist leider fast überall zu finden – in Bettgestellen und Federkernmatratzen genauso wie in Kleiderschränken (bis hin zu den Kleiderbügeln!). Ein Feng-Shui-Meister riet mir einmal, dieses Metall mit dünnen Korkmatten zu neutralisieren. Ich kaufte mir also in einem Heimwerkermarkt solche etwa einen Zentimeter hohen Matten, legte damit meinen Kleiderschrank im Schlafzimmer aus und verlegte eine Matte auch unter dem Bett. Ergebnis: Ich schlafe seitdem besser!

Über die Energie, die das Kopfende Ihres Bettes ausstrahlt, haben Sie sich wahrscheinlich noch wenig Gedanken gemacht. Feng Shui vermag jedoch auch hier steuernd und regulierend zu wirken: Rechteckige Kopfenden ordnet man dem Holzelement und allen, die in diesem Zeichen geboren sind, zu. Diese Form soll Glück und Zufriedenheit in allen Angelegenheiten versprechen.

Quadratische Kopfenden werden dem Erdelement und den Geburtstagskindern im Zeichen Erde zugeordnet.

Ein spitzes bzw. dreieckiges Kopfende sollten Sie lieber nicht wählen. Es wird dem Zeichen Feuer zugeordnet und wird dafür sorgen, dass Ihr Schlaf eher „feurig" und unruhig verläuft.

Hingegen sind wellenförmige Formen für Kopfenden empfehlenswert. Ihre Energie entspricht dem Element Wasser und sie haben eine den Schlaf fördernde Wirkung nicht nur auf alle in diesem Zeichen Geborenen. Sie sollen außerdem Inspiration und Kreativität fördern.

Geschwungene Kopfenden sind dem Metall-Element zugeordnet. Sie sollen den Erfolg im Beruf unterstützen. Auch hier gilt wieder, dass der günstige Einfluss besonders groß ist für diejenigen, die in diesem Zeichen geboren sind.

Wir haben uns nun ausführlich über das Liebesnest „Schlafzimmer" unterhalten. Da selbstverständlich auch die übrigen Räume der Wohnung eine nicht unerhebliche Rolle für Ihr Wohlbefinden spielen, hier noch ein paar Anregungen für „alles rund ums Liebesnest".

Das Badezimmer

Dieser Raum ist sozusagen „das Vorspiel" für Ihre Liebesstunden! Deshalb sollten Sie ihn nicht vernachlässigen. Ein helles, aufgeräumtes Badezimmer kann ein guter Auftakt für entspannende Erotik sein. Achten Sie darauf, dass es gut gelüftet ist und verteilen Sie auch in diesem Bereich Dinge, die Ihr Auge erfreuen: eine kleine Pflanze, glitzernde Flakons mit farbigen Inhalten – Parfüm, Badeöl, Körperlotion. Dekorative bunte Fischlein (gelten als Glücksbringer!) aus Glas, Holz, Keramik sorgen für gutes Chi. Bringen Sie mehrere Spiegel an, die Sie dort ins rechte Licht rücken. Anders als im Schlafzimmer ist das Badezimmer der ideale Ort für mehrere Spiegel, da dieser Raum belebend auf Sie wirken soll. Der Fluss des Chi wird dort am besten durch einander gegenüberliegende Spiegel verstärkt.

Eines sollten Sie im Badezimmer nicht vergessen: Der Deckel der Toilette sollte unbedingt nach Gebrauch geschlossen bleiben, damit möglichst wenig Chi auf diesem Weg entweichen kann. Aus diesem Grund sollten auch der Badewannen- und Waschbeckenabfluss nach dem Waschen zugestöpselt werden. Lässt man diese Regel unbeobachtet, so lautet eine Weisheit des Feng Shui, ist es schnell mit dem Wohlstand in einem Haushalt vorbei, da das Geld im wahrsten Sinn des Wortes „den Bach hinuntergeht". Verblüffende positive Erfahrungen machte eine frisch vermählte junge Frau, die diese Erkenntnis aus einer Feng-Shui-Beratung zu Hause anwandte und anschließend telefonisch über das Resultat berichtete: „Sie werden es nicht glauben, aber bisher hatten wir ja stets Geldschwierigkeiten; es reichte sozusagen vorne und hinten nicht. Deshalb war meine Aufmerksamkeit geweckt, als ich hörte, dass durch die offenen Abflüsse so viel Chi entweichen kann. Kann ja nicht schaden, wenn ich das auch mal versuche, dachte ich mir. Natürlich hatten bisher weder mein Mann noch ich darauf geachtet, dass der Klodeckel nach Gebrauch geschlossen sein soll. Deshalb war ich auf das Ergebnis recht gespannt. Und es hat tatsächlich nicht lange gedauert, bis sich Folgen einstellten, die ich zunächst gar nicht glauben wollte: Eine Woche später bekam mein Mann die Gehaltserhöhung, mit der er schon gar nicht mehr gerechnet hatte, dann gewannen wir sogar in der Klassenlotterie. Zwar war es nicht das große Los, aber immerhin 800,– DM, die wir gut gebrauchen konnten. Und für nächste Woche hat sich auch noch meine Erbtante zu Besuch angekündigt. Sie wolle sich dafür erkenntlich zeigen, dass ich für sie da war, als sich kein anderer kümmern konnte." Alles Zufall? Ob Zufall oder nicht, wenn man dem Schicksal so auf die Sprünge helfen kann, warum sollte man es nicht tun?

Die Küche

Vielleicht benutzen Sie auch die Küche, bevor Sie erotisch im Schlafzimmer richtig loslegen? Ein kleiner Appetithappen vorweg, garniert mit einem Glas Champagner, ist mit Sicherheit kein schlechter Auftakt für intime Stunden zu zweit. Hier folgen deshalb auch ein paar Tipps für das richtige Chi in Ihrer Küche.

Wenn Sie die Möglichkeit haben, sollten Sie für die Küche einen Raum wählen, der nicht an das Badezimmer grenzt, denn sonst besteht ebenfalls die Gefahr, dass das günstige Chi, das in der Küche durch die liebevolle Zubereitung der Speisen erzeugt wird, gleich wieder „den Bach hinabfließt." Auch wenn Sie im Bad sämtliche Abflüsse bedeckt halten: Es ist einfach nicht gut, wenn Küche und Bad nebeneinander liegen. Sollte Ihre Wohnung dennoch diese ungünstige Kombination aufweisen, so können Sie den Verlust des Chi abschwächen, wenn Sie zwischen beiden Räumen ein Windspiel anbringen.

Ebenfalls vermeiden sollten Sie, dass Herd und Spüle eng beieinander stehen: der Herd ist dem Feuer-Element zugeordnet, die Spüle dem Wasser. Und diese beiden machen sich gegenseitig Konkurrenz, was wiederum für nachteiliges Chi sorgt. Ein doppelseitiger Spiegel, zwischen Herd und Spüle positioniert, kann hier Abhilfe schaffen.

Wie im Bad und WC, so können Sie auch im Küchenbereich mit einem einfachen Trick mehr Wohlstand in Ihr Zuhause einladen: Bringen Sie über dem Herd eine gut sichtbare Spiegelwand an – Spiegelplatten hierzu gibt es in jedem Baumarkt. Diese verdoppeln die Anzahl der Töpfe auf dem Herd und damit den Wohlstand des Hauses. Probieren Sie es aus, vielleicht sind Sie anschließend genauso vom Ergebnis verblüfft wie die junge Ehefrau im vorigen Beispiel.

Generell sollten Sie wissen, dass die Küche einen besonderen Stellenwert in der Feng-Shui-Lehre hat als der Raum, in dem die Nahrung zubereitet wird, der also für das leibliche Wohl der Bewohner sorgt. Berücksichtigen Sie also auch die allgemeinen Richtlinien für einen günstigen Energiefluss, die ich Ihnen im ersten Kapitel vorgestellt habe.

Das Arbeitszimmer

Hier können Sie jetzt alle Tipps anwenden, die ich Ihnen bereits ab Seite 34 für die Ausgestaltung Ihres Büros genannt habe: In Ihrem häuslichen Arbeitszimmer sind Sie schließlich Ihr eigener Boss. Und wenn Sie hier eine angenehme Atmosphäre schaffen, so kommt dies wiederum auch Ihrer Erotik entgegen: Sie sind abends entspannter und aufnahmefähiger für die Liebe. Versuchen Sie also die folgenden Anregungen in die Tat umzusetzen.

Auch hier gilt: Setzen Sie sich so, dass Sie von Ihrem Arbeitsplatz aus die Tür im Auge behalten können. So arbeiten Sie ungestörter. Seelisch sind Sie ausgeglichener, weil Sie sich nicht durch eine Tür im Rücken ständig unbewusst in Abwehrhaltung befinden. Wenn sie viel am Computer arbeiten, ist ein Rosenquarz, neben oder auf dem Bildschirm platziert, ideal, um sich vor dem schädlichen Elektrosmog zu schützen. Viele, die am Bildschirm tätig sind, wissen das und deshalb quellen jetzt selbst die Edelsteinboutiquen der großen Kaufhäuser von Rosenquarzen über. Generell sind alle Kristalle geeignet, um schädliche Energie – und dabei handelt es sich bei Elektrosmog – zu zerstreuen, sie müssen allerdings regelmäßig „entladen" und energetisch gereinigt werden, zum Beispiel indem Sie sie liebevoll einige Minuten lang unter fließendes Wasser halten und dabei leicht reiben.

Ihr Arbeitszimmer können Sie gestalten, wie Sie es wünschen. Denken Sie dabei auch an die im Kapitel „Bagua" genannten Tipps. Sie können auf Ihrem Schreibtisch im Bereich „Familie" (das wäre der linke Mittelteil) ein Foto Ihrer Lieben aufstellen und im „Wohlstand"-Bereich (hinten links) ein paar Münzen großzügig verteilen, ohne sich – wie vielleicht im Büro – unangenehmen Fragen stellen zu müssen. Lassen Sie Ihre Fantasie ein wenig spielen und vergessen Sie nicht, ein paar Pflanzen aufzustellen. Sie produzieren tagsüber Sauerstoff und sorgen so für bessere Konzentration. Diese kann auch durch die richtigen Farben unterstützt werden: Helles Blau oder ein helles Grün sind ideale „Konzentrationsfarben".

Das Wohnzimmer

Lassen Sie sich auch für diesen Raum noch ein paar Anregungen geben, ist es doch meist das erste Zimmer, das die Gäste und auch Ihr Liebster oder Ihre Liebste betreten.

Stefan, ein flotter Single, wollte wissen, wie er seinen öfter wechselnden weiblichen Bekannten den Aufenthalt in diesem Raum angenehmer machen könnte: „Wissen Sie, mit jeder Frau ist es ähnlich: Sie setzt sich auf das Sofa – sie können mir glauben, das war ein teures Designerstück und man sitzt dort wirklich gut – und nach wenigen Minuten steht sie von dort wieder auf, geht noch ein wenig im Raum hin und her, und fragt mich anschließend, ob wir noch irgendwo hingehen. Oder sie erzählt mir noch von einer weiteren Verabredung, und ich höre nichts mehr von ihr. Es ist wie verhext. Keine Frau bleibt länger in meiner Wohnung und macht es sich irgendwie gemütlich. Ich verstehe das nicht. Dabei würde ich mir's zunächst so gerne mit ihr auf dem Sofa bequem machen. Schließlich komme ich wegen meiner vielen Arbeit kaum dazu, es selber einmal zu nutzen."

Hätte Stefan öfter mal selbst auf seinem Sofa Platz genommen, so hätte er sicher bemerkt, was „faul" an seinem teuren Stück ist: Er hatte das Sofa direkt neben die Tür platziert. Öffnet man sie, so „stolpert" man geradezu über die dort Sitzenden. Kein Wunder, dass diese sich unwohl fühlen. Hinzu kam, dass das Designerstück im Rückenbereich spitze schwarze

Kanten nach oben hin aufwies. Ecken und Spitzen signalisieren ungünstiges Chi, das bei der Anwendung von Feng Shui vermieden werden sollte. Zwar kann dieses durch Spiegel wieder entkräftet werden. Bei einem Sofa, das der Bequemlichkeit dienen soll, würde ich jedoch eher zu runden oder jedenfalls ruhigeren Formen raten.

Stefans Besucherinnen müssen sich sehr angegriffen gefühlt haben: Die Gefahr „von hinten" durch eine sich möglicherweise ständig öffnende Tür widerspricht dem natürlichen Sicherheitsbedürfnis des Menschen. Man hat keinen Überblick darüber, wer oder was hereinkommt und fühlt sich entsprechend ungeschützt. Außerdem dürften die spitzen Sofakanten im Rücken der Damen durch ihre Feuer-Energie noch für weitere Unruhe gesorgt haben. Kein Wunder also, dass sich alle nach einigen Minuten bereits wieder zum Aufbruch entschlossen.

Angeregt durch seine neuen Feng-Shui-Erkenntnisse verkaufte Stefan kurzentschlossen und gar nicht so schweren Herzens sein kurz zuvor noch heiß geliebtes Sofa. Mittlerweile nennt er eine cremefarbene Polsterlandschaft mit runden Formen sein Eigen und hat gerade für sich und seine neue Freundin einen gemeinsamen Urlaub gebucht.

Der Essbereich

Meist hat man heute kein abgetrenntes Esszimmer mehr, sondern es ist mit dem Wohnbereich verbunden. Dennoch auch hierzu ein paar Anregungen, die mit dem Thema „Essen" verbunden sind – schließlich ist die genussvolle Nahrungsaufnahme nach wie vor ein paradiesischer Auftakt für ein gemeinsames Liebesspiel.

In diesem Bereich ist ebenso wie im Schlafzimmer Harmonie angesagt. Dies bedeutet, dass am Essplatz Spiegel, die bekanntlich für aktive, belebende Energie sorgen, in Richtung auf die am Tisch Sitzenden vermieden werden sollten. Sie könnten sonst Magenbeschwerden verursachen. Wenn es Ihnen jedoch gelingt, den Spiegel mit Blick auf die servierten Speisen anzubringen, ist dies von Vorteil: Durch die Verdopplung wird „Reichtum" signalisiert, der Wohlstand des Hauses kann so vermehrt werden.

Auch hier sollten Sie sich, wie im Wohnbereich, für runde Formen entscheiden: Ein runder Esstisch sorgt für eine angenehmere Atmosphäre als einer mit Kanten, die womöglich noch direkt auf die Essenden gerichtet sind. Bevorzugen Sie runde Formen auch bei kleinen Gegenständen, wie beispielsweise einer Vase; diese symbolisieren den Segen des Himmels und leiten das Chi weiter. Aus diesem Grund sollten auch nicht die Ecken und Kanten von Kommoden und Schränken auf die Essenden gerichtet sein.

Der Flur

Zuletzt noch ein paar Worte zum Eingangsbereich, wo Sie Ihre Besucher empfangen. Dieser Bereich liegt, wie Sie wissen, immer in einem der Bagua-Felder „Wissen", „Karriere" oder „Freunde und Helfer". Um diese zu unterstützen, sollten Sie den Eingang möglichst frei halten von Schuhen, Müll, Kisten, u. Ä. Wundern Sie sich nicht, wenn Sie durch Ihr Chaos im Eingangsbereich chaotische Menschen geradezu anziehen. Bringen Sie Ordnung in den Flur und dekorieren Sie ihn genauso liebevoll wie die übrigen Räume. Schließlich ist dies der erste Eindruck, den Besucher von Ihnen gewinnen, sozusagen die „Visitenkarte" Ihrer Wohnung. Bringen Sie einen Spiegel gegenüber der Eingangstür an, wenn Ihr Flur sehr klein ist. Dies ermöglicht einen besseren Fluss des Chi innerhalb der Wohnung. Außerdem wirkt sie dann großzügiger gegenüber Besuchern. Seltsamerweise dient der Flur – ebenso wie das Schlafzimmer – oft als Abstellkammer für alle denkbaren Dinge. Versuchen Sie hier, Ordnung wenigstens in das sichtbare Chaos zu bringen. Es lohnt sich.

„Ich hatte mich immer über meine chaotischen Besucher gewundert. Ständig zog ich irgendwelche Verrückten an, die meine Freunde sein wollten, und denen anschließend eher ich in Notlagen beistehen musste", erzählt die Studentin Daniela, „und ich wäre gar nicht auf die Idee gekommen, dass da eine Wechselwirkung zwischen der Unordnung in meinem Eingangsbereich (der bei ihr übrigens in den Bagua-Bereich „Freunde und Helfer" fällt) und meinem Bekanntenkreis besteht. Meine Freundin, die sich seit längerem mit Feng Shui beschäftigt, hat mich dann auf die Wechselwirkung zwischen innen und außen aufmerksam gemacht. Sie gab mir den Rat, vor allem mal meinen total unaufgeräumten Flur auszumisten. Und siehe da: Es war ganz unglaublich. Kaum hatte ich Ihren Rat befolgt, lernte ich plötzlich ganz andere Leute kennen. Selbst wäre ich gar nicht auf die Idee gekommen, dass da ein Zusammenhang besteht. Ist mir auch egal, was andere dazu meinen. Ich bin jedenfalls glücklich, dass ich ihren Rat befolgt habe und kann nur sagen: Seit dem Aufräumen ist alles anders."

Machen Sie die Erfahrungen von Daniela neugierig? Kein Problem: Der erste Schritt ist schnell getan! Bereits ein Strauß Blumen in der Diele kann dafür sorgen, dass der erste Eindruck, den Besucher von Ihrem Heim gewinnen, positiv ist. Ist der Eingangsbereich dann noch in freundlichen Farben wie Hellblau oder Hellgrün gestaltet, vielleicht sogar in diesen Farben gestrichen, dann werden Sie selbst schon in ganz anderer Stimmung Ihr Heim betreten und sich auf das freuen, was Sie darin erwartet!

Erotische Rezepte, Düfte und andere Tricks

Jetzt, wo Sie wissen, wie Sie Ihr Heim in ein Liebesnest verwandeln, ist es an der Zeit, ein paar Tricks für erotische Stunden zu verraten: Zum Beispiel über anregende Menüs und erotische Düfte – zwei Bereiche, die auch mit dem Fluss der Liebes- und Lebensenergie zu tun haben.

Dass Erotik und Essen eng zusammenhängen, wussten die Menschen seit Tausenden von Jahren. Schließlich hatte schon Eva ihren Adam mit einem Apfel verführt. Und von den großen Verführern der Weltgeschichte wissen wir, dass sie ihre Damen meist mit einem romantischen Abendessen in Stimmung brachten. Von diesen Casanovas sollten wir gleich die erste Lektion der erotischen Menüs lernen: Genauso wichtig wie die richtigen Zutaten ist das Ambiente: Schaffen Sie eine romantische Atmosphäre mit Kerzenlicht und sanfter Musik.

Welche Speisen und Getränke wirken anregend auf den Liebestrieb? Rezepte für Liebestränke, Potenzmittel, Aphrodisiaka und erotische Mahlzeiten kennen wir in allen Kulturen. Viele dieser Rezepte sind im Laufe der Zeit in Vergessenheit geraten, oft weil sie wieder verworfen wurden, wenn die gewünschte Wirkung ausblieb. Andere haben sich bis heute über alle räumlichen und zeitlichen Grenzen hinweg verbreitet und bewährt. Weitgehende Übereinstimmung herrscht über die luststeigernde Wirkung folgender Substanzen:

Die 60 wichtigsten Lustmittel

Es gibt viele so genannte Aphrodisiaka. Aphrodite, die griechische Göttin der Schönheit und Liebe, hat den Substanzen aus der Pflanzen- und Tierwelt, die liebeshungrig machen, ihren Namen gegeben. Die Grenze zwischen Aberglauben und tatsächlicher Wirkung ist bei diesen Drogen der Leidenschaft sehr schmal. So verzehrten Männer in der Antike mit Vorliebe Stierhoden, um ihre Potenz zu steigern.

Ich möchte Ihnen hier nur die Lustpflanzen und -tiere vorstellen, deren erotisierende Wirkung einigermaßen verbürgt ist. Und das sind immerhin noch 60 an der Zahl:

Anis, Austern, Artischocken, Avocado, Basilikum, Brennnessel, Datteln, Eier, Eisenkraut, Fasan, Fenchel, Frosch, Früchte, Garnelen, Ginseng, Granatapfel, Guarana, Hanf, Hase, Honig, Huhn, Ingwer, Jakobs-

muschel, Kaffee, Kardamom, Knoblauch, Kokosnuss, Koriander, Krabben, Lattich, Liebstöckel, Lorbeer, Mais, Mandeln, Meerrettich, Mohn, Muskat, Nelke, Palmsaft, Paprika, Petersilie, Pfeffer, Pfefferminze, Pilze, Quitte, Rettich, Rosmarin, Safran, Schnecken, Sellerie, Senf, Spargel, Stechapfel, Süßkartoffel, Tees, Thymian, Vanille, Wein, Ylang-Ylang und Zimt.

Kenner bereiten aus diesen Ingredienzen Tees, Weine, Schnäpse und Tinkturen oder stellen erotische Menüs zusammen, die für die richtige Einstimmung sorgen sollen. Es würde den Rahmen dieses Buches sprengen, wollten wir Rezepte für alle 60 Aphrodisiaka hier ausführlich wiedergeben. Wir beschränken uns daher nur auf einige wenige, deren Zubereitung einfach und nicht zu zeitaufwendig ist.

Die besten Rezepte für ein Liebesmenü

Als Beispiel erotischer Kochkunst empfehle ich Ihnen ein typisches Frühlingsmenü. Zur Einstimmung servieren Sie ein Glas Martini dry mit einer Olive. Als Vorspeise empfiehlt sich ein leichter Salat:

Blattsalate mit Pilztatar

Putzen Sie 200 Gramm Champignons und 200 Gramm Egerlinge, schälen Sie eine Schalotte und schneiden Sie alles in kleine Würfel. Erhitzen Sie drei Esslöffel Öl und etwa zehn Gramm Butter in einer Pfanne und dünsten Sie die Schalottenwürfel darin, bis sie glasig sind. Geben Sie jetzt die Pilze dazu, salzen und pfeffern Sie sie und garen sie unter gelegentlichem Rühren fünf Minuten lang. Geben Sie zum Schluss einen Esslöffel frisch gehackter Petersilie hinzu.

Inzwischen waschen und zerteilen Sie ein Viertel Friseesalat, einen kleinen Kopf Radicchio und einen Bund Rucola und zupfen sie in mundgerechte Stücke. Gut abtropfen lassen. Rühren Sie aus einem Esslöffel Himbeeressig, zwei bis drei Esslöffel Öl und einem Teelöffel Nussöl sowie etwas Salz und Pfeffer eine Vinaigrette.

Machen Sie jetzt den Salat mit der Salatsauce an und verteilen Sie ihn auf zwei Teller. Drücken Sie das Pilztatar in zwei Espressotassen und setzen es gestürzt auf den Salat. Vierteln Sie sechs Cocktailtomaten und dekorieren Sie damit den Salat. Als Hauptgericht servieren Sie dann:

Geschmorte Hasenkeulen in Estragonrahm

Dazu schälen Sie eine kleine Möhre, halbieren ein etwa fünf Zentimeter langes Stück einer Lauchstange, schälen eine kleine Knoblauchzehe und eine Schalotte und schneiden alles in kleine Würfel. Zupfen Sie die Estragonblätter von zwei Zweigen und heben Sie die Stiele auf.

Heizen Sie den Backofen auf 150 Grad Celsius vor. Waschen Sie die beiden je etwa 200 Gramm schweren Hasenkeulen, tupfen Sie sie trocken und reiben Sie sie mit Salz und Pfeffer ein. Erhitzen Sie zwei Esslöffel Öl in einer Kasserolle mit feuerfesten Griffen und braten Sie die Hasenkeulen von allen Seiten scharf an. Schalten Sie dann die Hitze zurück und schwitzen Sie das bereitgelegte Gemüse kurz mit an. Löschen Sie nun das Ganze mit einem Esslöffel Estragonessig ab und gießen Sie vier Esslöffel Sahne und einen Achtelliter Kalbsfond aus dem Glas dazu.

Schließen Sie die Kasserolle und lassen Sie sie im heißen Ofen etwa eine Stunde lang schmoren. Geben Sie zehn Minuten vor dem Ende der Garzeit die Estragonstiele in den Schmorfond.

Nehmen Sie dann die Keulen heraus und halten Sie sie in Alufolie gehüllt warm. Die Estragonstiele nehmen Sie nun wieder heraus. Lassen Sie die Schmorflüssigkeit auf der Kochplatte noch einmal kurz durchkochen, mischen Sie die Estragonblätter unter und würzen Sie, falls gewünscht, die Sauce noch einmal mit Salz und Pfeffer nach. Richten Sie nun die Keulen auf vorgewärmten Tellern an, übergießen Sie sie mit der Sauce und servieren Sie das Gericht mit bissfest gekochten Nudeln. Zum Hasen passt gut ein Glas Chardonnay. Als Nachspeise schlage ich vor:

Gebackene Holunderblüten mit Orangensahne

Legen Sie zwei große oder vier kleine Holunderblüten in eine Schüssel mit kaltem Wasser und schwenken sie mehrmals hin und her, damit der Schmutz herausgespült wird. Lassen Sie sie auf einem Tuch gut abtrocknen. Verquirlen Sie 60 Gramm Mehl, eine Prise Salz, eine Prise Zucker, ein kleines Ei und fünf bis sechs Esslöffel Milch zu einem glatten Teig und lassen Sie ihn etwa 30 Minuten lang quellen.

Erhitzen Sie etwas Öl in einer tiefen Pfanne oder einer Fritteuse auf 180 Grad. Tauchen Sie die Blüten in den Teig und backen Sie sie im heißen Fett goldgelb aus. Dann auf einem Küchenpapier abtropfen lassen und mit einer Mischung aus Zucker und einer Prise gemahlenem Zimt bestreuen. Schlagen Sie 100 Milliliter Sahne halb steif, fügen einen Teelöffel Zucker, einen Esslöffel Orangenlikör und die etwas abgeriebene Schale einer unbehandelten Orange hinzu. Fertig ist die Orangensahne, die Sie zu den Holunderküchlein reichen.

Zum Abschluss und Munterwerden empfiehlt sich ein Espresso.

Die Drinks der Venus

Zunächst eine Faustregel: Alkohol regt an und enthemmt, wenn er in Maßen genossen wird. Aber er macht schlapp, wenn man zu viel davon trinkt. Aber Alkohol in welcher Form? Bier wirkt durch den darin enthaltenen Hopfen eher beruhigend. Schnaps eignet sich am besten zur Verdauung. Tropische Cocktails dagegen, die Rum oder ähnliche Spirituosen enthalten, wirken durch die Verbindung mit Fruchtsäften durchaus lustfördernd. Aber Vorsicht: Nicht zu viele auf einmal trinken, sonst verkehrt sich die aufputschende und anregende Wirkung ins Gegenteil.

Gleiches gilt für den Wein. Seine Herz und Kreislauf stärkende und damit das Liebesleben anregende Wirkung wird mittlerweile von der Medizin anerkannt. Zur luststeigernden Weinfamilie gehören auch Champagner und Wermut. Bei den Stimulanzien darf natürlich auch der Kaffee nicht fehlen, der in Form des kleinen, aber wirksamen Espresso nach dem Essen noch bekömmlicher ist. Und natürlich der Tee aus verschiedenen Kräutern, Samen und Wurzeln. Hier gibt es ein paar Rezepte, denen Kenner wahre Wunder zuschreiben. Und einige dieser Liebestees möchte ich Ihnen jetzt vorstellen. Die Zutaten gibt es im Bio- und Kräuterläden.

Damianatee

Vermischen Sie drei Teile Damianakraut, zwei Teile Pfefferminzkraut und einen Teil Pomeranzenblüten und überbrühen Sie die Mischung mit sprudelnd kochendem Wasser. Fünf Minuten ziehen lassen. Je nach Geschmack mit Honig oder braunem Zucker süßen. Für eine Tasse brauchen Sie einen gehäuften Esslöffel der Kräutermischung.

Ephedratee

Kochen Sie je Tasse ein bis zwei gehäufte Esslöffel Meerträubelkraut zehn Minuten im zugedeckten Topf. Fügen Sie dann etwas Anis und Pfefferminzkraut dazu, lassen Sie die Mischung einige Minuten ziehen und gießen Sie sie dann ab. Die Wirkung setzt nach etwa 20 Minuten ein. Vorsicht: Eine zu hohe Dosierung kann zu Erektionsschwäche führen!

Ginsengtee

Geben Sie einen Esslöffel Ginsengwurzel, einen Esslöffel Ingwerwurzel, einen Esslöffel Süßholz und zwei Datteln, alles klein geschnitten, in einen halben Liter Wasser, kochen Sie die Mischung auf und lassen Sie sie fünf Minuten ziehen. Nach dem Abgießen mit Honig oder Zucker süßen.

Frühjahrstee

Nehmen Sie pro Tasse einen gehäuften Esslöffel der folgenden Mischung: zwei Teile Sassafrasholz, ein Teil Guayakholz, ein Teil Schachtelhalm, ein Teil Sellerieblätter, ein Teil Brennnesselsamen, ein Teil Bohnenkraut und zwei Teile Petersilienwurzel. Überbrühen Sie die Mischung mit kochendem Wasser und lassen Sie sie fünf bis zehn Minuten ziehen.

Guarana

Zerkleinern Sie eine Hand voll Guaranasamen im Mörser und übergießen Sie das Pulver mit einem Liter kochendem Wasser. Nach fünf bis zehn Minuten abgießen und trinken. Die zerkleinerten Samen können noch vier weitere Male aufgegossen werden. Die Wirkung setzt schnell ein.

Die Düfte der Leidenschaft

Auch wenn die Lehre von den stimulierenden Düften erst vor wenigen Jahren einen neuen Namen bekam („Aromatherapie"), ist sie doch eine uralte Wissenschaft. Die heilende, beruhigende oder stimulierende Kraft der Pflanzendüfte war im alten China ebenso bekannt wie im Ägypten der Pharaonen. Die noblen Damen am Nil fertigten hauptsächlich mit Patchouli, Sandelholz und Moschus parfümierte Salben, und ihre damit eingecremten Körper ließen die Krieger reihenweise vom Schlachtfeld in die Betten zurückkehren. Kleopatra war eine der bekanntesten Aromatherapeutinnen der Antike. Ohne ihre dufttechnischen Kniffe hätte sogar sie sich schwer getan, in ihrem Bett einen römischen Gipfel einzuberufen.

Wichtig ist es zu wissen, dass ätherische Öle eine sehr starke Wirkung entfalten und nicht unverdünnt auf die Haut gelangen sollten. Mischen Sie

sie immer mit einem fetten Trägeröl, zum Beispiel ein wenig Speiseöl oder kosmetischem Öl wie Avocado- oder Jojobaöl, bevor Sie sich oder Ihren Liebsten bzw. ihre Liebste damit parfümieren oder massieren.

Aromen und ihre Wirkungen

Bergamotte	muntert auf
Geranium	gleicht aus
Jasmin	entspannt und lockert
Kamille	beruhigt
Kampfer	regt an
Melisse	stärkt und muntert auf
Patchouli	erotisiert
Rose	entspannt und macht zärtlich
Rosmarin	regt an
Sandelholz	harmonisiert
Salbei	macht euphorisch
Ylang-Ylang	erotisiert
Zimt	stimuliert
Zitrone	belebt und erfrischt
Zypresse	stärkt und belebt

Geduftet, gesalbt und geräuchert wurde zu allen Zeiten und in allen Kulturen, und schon früh hatte man erkannt, dass die Wahl des Aromas nie zufällig sein durfte: Jeder Geruch löst eine andere Stimmung aus. Von Rosmarin wusste man, dass es anregt, vom Weihrauch, dass er mystisch wirkt und von der Rose, dass sie zärtlich stimmt.

Heutzutage kauft man die Zauberdüfte in der Apotheke oder im Naturkostladen und verdampft sie in Duftlampen. An die Stelle der handgepressten Blüten, Stängel und Blätter ist das reine ätherische Öl getreten.

Aber Öl ist nicht gleich Öl – die feinen Essenzen von Blüten, Fruchtschalen, Holz und Rinden sollten nur durch ebenso feine und schonende

Verfahren gewonnen werden. Bei vielen angebotenen Ölen wurde aber die Extraktion durch Lösungsmittel vorgenommen, die zwar später wieder abgedampft werden, in geringen Rückständen jedoch im Öl bleiben und die Wirkung schmälern. Zu empfehlen ist daher nur die Wasserdampfdestillation. Darauf sollte man beim Einkauf achten und sich selbstverständlich auch vor synthetischen und „naturidentischen" Ölen hüten.

Die im Wasserdampf destillierten Öle sind natürlich etwas teurer. Aber das ist verständlich, wenn man sich vor Augen hält, wie viel Grundsubstanz für die konzentrierte Essenz nötig ist. Aus 100 Kilogramm Eukalyptus kann man etwa 10 Liter Öl gewinnen, für 10 Liter Rosenöl braucht man aber

---

Die vier erotischen Duftmischungen

Entspannungsduft
Zum angenehmen Relaxen verdampft man je drei Tropfen Geranium und Lavendel und gibt zur Erfrischung drei Tropfen Grapefruit dazu.

Kuschelduft
Eine Mischung aus je drei Tropfen Rosenholzöl, Orange und Zeder in der Duftlampe verdampfen lassen – und schon wird gekuschelt!

Der Muntermacher
Besser als jeder Kaffee: Vier Tropfen Rosmarinöl und vier Tropfen Zitronenöl verdampfen lassen. Augen zu und tief einatmen.

Der Scharfmacher
Mischen Sie nach Belieben Rose und Patchouli, Sandelholz und Ylang-Ylang. Oder nehmen Sie einfach nur Jasmin, von dem Baudelaire schon sagte, es vereine „Luxus und Wollust".

schon 2000 Kilo Rosenblüten! Der Tropfen, der in der Duftlampe verdampft, entspricht also dem Rosenstrauß, den Sie üblicherweise zum 35. Geburtstag bekommen sollten.

Noch ein Wort zu den Duftlampen. Es gibt sie in den unterschiedlichsten Arten und Formen. Ob aus Edelstahl, Keramik oder Porzellan ist dem individuellen Geschmack überlassen. In die Schale der Duftlampe gießt man etwas Wasser und darüber vorsichtig einen oder mehrere Tropfen des ätherischen Öls oder der Mischung. Bitte Vorsicht! Mischen Sie nie mehr als drei Öle und träufeln Sie insgesamt nicht mehr als sieben Tropfen in die Schale. Schließlich soll das Aroma kaum merklich zu schnuppern sein und nicht als schwüler Duftnebel im Raum hängen. Durch die Erwärmung mittels eines Teelichts unter der Schale verdampfen die Öle und entfachen so ihre Wirkung.

Wie Sie sich selbst mit Düften anregen

Die Wissenschaft hat inzwischen nachgewiesen, dass Düfte am stärksten stimulieren, wenn sie der Partner ausströmt. Damit beispielsweise „Er" so

---

Geheime Tricks für sinnliche Stunden

✦ *Verzichten Sie auf Ihr übliches Parfüm, wenn Sie Liebesdüfte verwenden.*

✦ *Nehmen Sie eine besonders weiche Bürste, träufeln Sie ein paar Tropfen Neroliöl oder Patchouli darauf und bürsten Sie damit Ihre Schamhaare durch. Sie sollten es etwa eine Stunde vor Ihrem Rendezvous tun.*

✦ *Ziehen Sie dann einen frischen Slip an, und stecken Sie dieses leicht duftende Wäschestück nach der Liebesnacht in seine Jackentasche als erregende Erinnerung.*

✦ *Fangen Sie eine sanfte Massage mit den Düften Jasmin, Ylang-Ylang oder Rose in Ihrem Massageöl an und geben Sie sich dem sinnlichen Aroma und der steigenden Erregung hin.*

---

riecht, wie er soll und wie es Sie anmacht, reicht es nicht, dass er sich kurz mit Aftershave betupft. Dazu braucht es schon andere Düfte. Vanille zum Beispiel.

Probieren Sie es doch einfach mal aus: Wenn er an der Türe klingelt in Erwartung eines erotischen Abends, dann verreiben Sie schnell einen Tropfen Vanilleöl mit etwas Sonnenblumen- oder Mandelöl in den Handflächen, bevor Sie öffnen. Und wenn er dann vor Ihnen steht und Sie ihn umarmen, klettern Sie mit den Händen frech durch ein paar schnell geöffnete Hemdenknöpfe und verreiben Sie das Öl mit dem weichen, geheimnisvollen und warmen Geruch auf seiner Brust und auf seinem Rücken.

Romantische Bäder

Düfte der Leidenschaft sind Wirkstoffe, die durch die Haut und „unter die Haut" gehen, gerade auch beim Baden. Ein äußerst anregendes Bad, das man besonders schön zu zweit genießen kann, ist das **indische Liebesbad**. Dazu brauchen Sie eine gute Sandelholzessenz, Ylang-Ylang-Öl, Orangenöl, Milch und Honig. Lassen Sie ein heißes Bad ein und erwärmen Sie auf dem Herd in einer kleinen Kasserolle zwei Tassen Milch. In die warme Milch rühren Sie zwei Esslöffel Honig ein, bis sich der Honig völlig gelöst hat. Dann träufeln Sie unter ständigem Rühren langsam drei Tropfen Sandelholzöl, fünf Tropfen Ylang-Ylang und fünf Tropfen Orangenöl dazu und schütten die Mischung ins heiße Badewasser.

Ein weiteres erotisierendes Vergnügen ist das **Rosmarin-Bad.** Geben Sie doch einmal je eine Handvoll frische Rosmarinnadeln, Melissenblätter und Stangenzimt in einen Topf mit einem Liter kochendem Wasser. Nehmen Sie den Topf dann sofort vom Feuer und lassen Sie den Sud ein paar Minuten ziehen. Dann kippen Sie ihn durch ein Teesieb ins heiße Badewasser.

Geheimtipps mit Liebesdüften

+ *Je ein Tropfen Rosenöl, auf jede Brustwarze leicht verrieben, wirkt äußerst erregend und steigert Ihre Sinnlichkeit. Vergessen Sie nicht, das ätherische Öl mit etwas Trägeröl zu verdünnen.*

+ *Etwas verdünnte Myrte auf die Innenseite der Schenkel verteilt, bringt Sie und ihn in Hitze.*

+ *Massieren Sie Ihre Fußsohlen mit Vetiver oder – noch besser – lassen Sie Ihren Partner oder Ihre Partnerin das tun.*

+ *Fangen Sie eine sanfte Massage mit den Düften Jasmin, Ylang-Ylang oder Rose in Ihrem Massageöl an und geben Sie sich dem sinnlichen Aroma und der steigenden Erregung hin.*

+ *Frische Rosenblätter, unter dem Bett verstreut, lassen das Schlafzimmer zu einer sinnlichen Liebeshöhle werden.*

Die zehn Heilmittel für harmonisches Chi und erotisches Wohnen

Das Wichtigste zum Schluss: Es gibt einige bewährte Feng-Shui-Werkzeuge, die für die Behandlung, Stabilisierung, Steigerung und Harmonisierung des Chi in einer Umgebung eingesetzt werden – einfache Heilmittel, die es Ihnen ermöglichen, mit ein paar kleinen Änderungen positive und damit auch Liebesenergie zu erzeugen. Sie können Gegenstände aus dieser Liste wählen, um Ihr Zuhause ganz allgemein und vor allem Ihren Liebesbereich mit Chi aufzuladen.

Um größtmögliche Verbesserungen zu erreichen, sollten Sie nur auswählen, was Sie wirklich mögen. Machen Sie die Gegenstände zu den Ihrigen. Es gibt unzählige Kombinationen, um positive und angenehme Ergebnisse zu erzielen. Lassen Sie bei Ihrer Arbeit mit dem Feng Shui Ihre Kreativität und Ihren Stil einfließen. Alle Verbesserungen funktionieren am besten, wenn Sie sich bei ihrem Anblick immer wieder freuen. Ich stelle Ihnen im Folgenden diese zehn Grundwerkzeuge oder Heilmittel ausführlich vor.

Farben

Wir sind ständig von Farben umgeben, sie beeinflussen uns sowohl bewusst als auch unbewusst. Man hat sogar herausgefunden, dass die Energie der Farbe, von der wir umgeben sind, selbst dann auf uns wirkt, wenn wir die Farbe gar nicht sehen können. Kulturelle, jahreszeitliche und symbolische Bedeutungen sind in uns verankert. In den westlichen Ländern ist Weiß die Farbe der Hochzeit und der Reinheit, in China ist Weiß die Farbe der Trauer und des Todes. Bei uns ist Rot die Farbe, die uns auf Gefahr aufmerksam macht, in China ist sie die Farbe des Feierns und des großen

Glücks. Schwarz ist unsere Farbe der Trauer und des Todes, während in China Schwarz mit dem ständigen Fluss von Reichtum und Glück verheißenden Umständen in Verbindung gebracht wird.

Feng Shui arbeitet vor allem mit Farben, um die fünf Elemente und die neun Bagua-Bereiche darzustellen. Durch unterschiedliche Farben wird das Chi um uns herum ins Gleichgewicht gebracht. Wir können Veränderungen und Vitalität positiv stimulieren, indem wir Farben als Werkzeug in unser Zuhause und unsere Arbeitsräume einbringen. Wählen Sie bei Ihrer Arbeit mit Farben immer die Farben, die für Sie angenehm sind. Die Farbe Rot rangiert von Pink bis tiefrotem Burgunder. Blau von Eisblau bis Marine und so weiter. Setzen Sie Farben genauso ein wie alle anderen Bagua-Verbesserungen – als kraftvolles Werkzeug für das Schaffen Ihres persönlichen Paradieses. Wenn die speziellen Bagua-Farben Sie nicht ansprechen, wählen Sie einen anderen Weg, um das Bagua oder die Harmonie der Elemente zu verbessern.

Ein Hinweis: Ich verwende bei den Farbangaben den Plural, da, wie oben erwähnt, jede Farbe verschiedene Ausprägungen haben kann.

Bagua-Bereich	Element	Farben
Familie	*Holz*	*Blau- und Grüntöne*
Wohlstand		*Blau-, Rot-, Purpurtöne*
Anerkennung	*Feuer*	*Rottöne*
Liebe und Partnerschaft		*Rot-, Pink- und Weißtöne*
Kinder und Kreativität	*Metall*	*Weiß und Pastelltöne*
Freunde und Helfer		*Weiß-, Grau- und Schwarztöne*
Karriere		*Schwarze und dunkle Töne*
Wissen und Weiterbildung	*Wasser*	*Schwarz-, Blau- und Grüntöne*
Zentrum/Tai Chi	*Erde*	*Gelb- und Erdtöne*

Farben können im Bagua vielseitig eingesetzt werden. Die Wand im Bereich „Wohlstand" kann mit leuchtendem oder pastellfarbenem Lavendelblau oder Rot gestrichen werden. Kunstgegenstände können ebenso nach ihren Farben ausgewählt werden, zum Beispiel eine Schriftrolle mit schwarzer Kalligraphie im Bereich Karriere, ein blaugrünes Landschaftsbild im Bereich „Familie" oder eine rosafarbene Alabasterskulptur im Bereich „Liebe und Partnerschaft". Auch farbenfrohe Möbel und Polster können das Bagua verstärken, zum Beispiel ein grünes Bücherregal im Bereich „Wissen", ein burgunderfarbener Lesesessel im Bereich „Anerkennung" oder ein heller, weißer Tisch im Bereich „Kinder und Kreativität".

Farben können unauffällig oder direkt eingesetzt werden, um die Energien der fünf Elemente zu harmonisieren und zu verbessern. Vielleicht arbeiten Sie ja auch ausschließlich über die Wahl der Farben mit den Elementen. Ein aquafarbener Teppich (Holz) mit mauve- oder pfirsichfarbenen Wänden (Feuer) und eine erdfarbene oder beige Decke (Erde), dazu cremefarbene oder weiße Möbel (Metall) und schwarze oder dunkle Ausschmückungen (Wasser) sind ein Beispiel dafür, wie alle Elemente lediglich durch Farben in einem Raum repräsentiert werden können.

Alle Grundfarben können sogar in einem einzigen Gegenstand vorhanden sein. Sie können einen völlig neutralen Raum durch ein einziges, sorgsam ausgesuchtes Objekt, das durch seine Farben alle Elemente vereint, harmonisieren und verwandeln.

Spiegel

Spiegel können das Chi aktivieren, es verbessern und zirkulieren lassen. Im Feng Shui werden Problembereiche aufgelöst, indem Räume vergrößert, die Lichtverhältnisse verstärkt, eine Schutzfunktion kreiert, das Chi umgeleitet, rückspringende Wände neutralisiert und Fenster und Aussichten verdoppelt werden.

Spiegel werden allgemein das „Aspirin des Feng Shui" genannt, sie öffnen kleine Räume, schaffen Ausgeglichenheit in beengten und architektonisch einseitigen Bereichen. Sie werden besonders in Eingangsräumen eingesetzt, um Menschen beim Zutritt in die Wohnung ein großzügigeres Gefühl zu vermitteln. Haben zwei Wände eines Zimmers verschiedene Höhen, kann ein Spiegel an der niedrigeren Wand angebracht werden, um das Chi anzuheben und die architektonischen Mängel auszugleichen.

Für die Größe der Spiegel gilt allgemein: Je größer, desto besser. Die Verspiegelung einer ganzen Wand schafft oft eine dynamische positive Veränderung des Gesamtraumes, und ein oder mehrere Bagua-Bereiche werden vergrößert.

Ob groß oder klein, Spiegel sollten so aufgehängt werden, dass mindestens Ihr Kopf darin reflektiert wird. Ihr eigenes Chi kann gestört und vermindert werden, wenn Sie Ihr Abbild nur teilweise sehen, oder wenn Sie sich aus Ihrer natürlichen Stehposition strecken oder bücken müssen, um sich im Spiegel anzusehen. Spiegel, die ein Abbild verzerren oder brechen, sind zu vermeiden, zum Beispiel Spiegelfliesen, sehr moderne überlappende, schräg geschliffene Modelle oder blinde antike Spiegel.

Spiegel sind dem Element Wasser zuzuordnen. Wasser kontrolliert Feuer, und deshalb werden Spiegel oft über Feuerstellen und über Herden aufgehängt, um die Feuer-Energie mit dem reflektierenden Wasser auszugleichen.

Mit Spiegeln können Sie außerdem die Formen einfügen, die den Elementen und den Bagua-Bereichen entsprechen, zum Beispiel kann ein ovaler oder runder Spiegel, die Form des Elementes Metall, benützt werden, wenn Sie den Bereich „Kinder und Kreativität" verbessern möchten. Rahmen Sie einen Spiegel in der Farbe oder dem Material, das dem Bagua entspricht. Die längliche Form eines Garderobenspiegels, der in einen Holzrahmen gefasst ist, ist eine perfekte Verbesserung für den Bereich „Familie".

Spiegel können ein angenehmes Gefühl von Sicherheit vermitteln. Wenn sie dem Eingang gegenüber hängen, zeigen sie denen, die mit dem Rücken zur Tür sitzen, was hinter ihnen vor sich geht.

In einigen Bereichen sind Spiegel allerdings nicht ratsam. Spiegel am Ende eines langen Flurs verlängern diesen. Hängen Sie Spiegel stattdessen besser gegenüber von Türen, die sich zum Flur hin öffnen, auf. Dies vergrößert den Flur optisch und reguliert das Chi der Menschen, die den Flur durch die Eingangstür betreten. Neben einem Bett aufgehängt, rufen Spiegel Nervosität hervor, besonders bei denjenigen, die nachts aufwachen. Gespiegelte Bewegungen können eine schläfrige Person erschrecken und sollten darum vermieden werden.

Denken Sie daran: Spiegel stimulieren und zirkulieren das Chi und können zu viel „wache" Energie in einen Schlafraum einbringen. Daher sollten sie nachts verhängt oder abgedeckt werden.

Unabhängig von ihrer Schönheit und ihrer Größe sollten zwei Spiegel sich nicht direkt gegenüberhängen, sonst werden Bilder erzeugt, die unendlich zu sein scheinen; sie desorientieren den Menschen und verringern vitales Chi.

Beleuchtung

Mit Beleuchtung sind hier elektrische Lampen mit Glühbirnen oder Halogenleuchten, Öllampen, Kerzen und Sonnenlicht gemeint. Durch die Wärme und die Lichtkraft von Beleuchtungskörpern kann schnell und einfach zusätzliches Chi in einen Bereich eingebracht werden, besonders in sehr dunkle Bereiche. Durch Licht kann eine niedrige Decke symbolisch erhöht werden, insbesondere durch Deckenstrahler.

Im Außenbereich können Laternenpfähle oder Außenlampen einen fehlenden Bagua-Bereich verankern und ergänzen. Gebäude, die am Fuß eines Berges oder in einer Senke liegen, können durch Beleuchtung der vier Hausecken symbolisch angehoben werden.

Wie die anderen Feng-Shui-Hilfsmittel können Lampen zusätzlich die Farben oder das Element der Bagua-Bereiche repräsentieren, zum Beispiel eine rote Lampe im Bereich „Anerkennung", grüne oder blaue Kerzen im Bereich „Familie".

Die gängigen fluoreszierenden Neonleuchten geben nur einen Bruchteil des gesamten Lichtspektrums ab, sie verringern des Chi des Raumes und das ihrer Bewohner. Fluoreszierende Lampen sollten möglichst durch Glühbirnen ersetzt werden, die das volle Lichtspektrum aussenden. Neonröhren flimmern und verringern das Chi der Menschen. Glühbirnen und Halogenlampen, die in einem oder mehreren Bagua-Bereichen angebracht werden, sogar in einem Raum, der mit Neonlicht beleuchtet wird, dienen zwei verschiedenen Zwecken – sie verbessern die Bagua-Bereiche und helfen ganz allgemein, die Lichtverhältnisse auszugleichen. Reduzieren oder vermeiden Sie Neonleuchten als Deckenbeleuchtung über einen längeren Zeitraum.

Feuerstellen sind eine wunderschöne Quelle für Wärme und Licht, sie repräsentieren das Element Feuer. Da sie oft sehr groß sind, können sie auch zu heiß werden und praktisch das Chi in dem entsprechenden Bereichen „verbrennen". In der unbenutzten Feuerstelle sollten Sie immer Holz auf den Rost legen, oder darin einen Kunstgegenstand platzieren um einen ästhetischen Blickfang herzustellen. Harmonisieren Sie das Element Feuer, indem Sie ein Symbol des Wassers in der Nähe der Feuerstelle platzieren. Zum Beispiel eine Schale Wasser, ein Bild, das Wasser zeigt, einen Spiegel, glänzend saubere, durchsichtige Ofenscheiben oder Kristallornamente.

Stellen Sie bei Nichtgebrauch gesunde Pflanzen, frische Blumen oder ein kunstvolles Gitter vor die Feuerstelle. Seien Sie schöpferisch, gestalten Sie Ihre persönliche „Grotte" in der Feuerstelle durch Kerzen, besondere Steine, Blütenpotpourris, Wasserschalen, Räucherstäbchen und was Sie sonst noch mögen.

Kristalle

Im Feng Shui werden zum Ausgleich von zu schnell oder zu langsam fließendem Chi runde, geschliffene Glaskristalle eingesetzt. Sie brechen schnelles Chi und aktivieren langsames Chi. Als Regulatoren ziehen sie Chi an, lassen es vor einem zu kleinen Fenster fließen oder brechen und zirkulieren das ungünstige Chi, das eine Treppe oder einen langgezogenen Flur entlangschießt. Durch ihre praktische Größe können sie eingesetzt werden, wenn es keine Möglichkeit für ein anderes der zehn Feng-Shui-Heilmittel gibt, zum Beispiel in einem schmalen Flur oder einem winzigen Eingangsraum.

Kristalle ermöglichen ein ungestörtes Fließen des Chi, was besonders in Haushalten und Büros der westlichen Welt nutzbringend ist. Trotz ihrer geringen Größe sind Kristalle kraftvolle Chi-Verbesserer, sie können in jedem

Bagua-Bereich eingesetzt werden, um Problemzonen auszugleichen und konstante Verbesserungen herbeizuführen.

Die Form des klassischen Feng-Shui-Kristalles ist rund, um in einem bestimmten Bereich Chi ungehindert fließen zu lassen. Die Größe des Kristalls ist abhängig von der Größe des Raumes, in dem er verwendet wird. Ist er zu groß, könnten Sie ihn über Ihrem Kopf als bedrohlich empfinden. In den meisten Fällen hat ein geschliffener Kristall die Größe eines Zweimarkstücks, was völlig ausreichend ist. Andere Formen wie geschliffene Achtecke, Herzen und Regentropfen sind gute Chi-Verbesserer in der Nähe von Fenstern, um die Sonne einzufangen und den Raum in Regenbogenfarben zu tauchen. Die Regenbogenfarben inspirieren und erhöhen das Chi von Menschen, sie sind ein hervorragendes Mittel, alle elementaren Farben einzubringen.

Geschliffene Glaskristalle werden besonders mit dem Element Wasser verbunden und gleichen Räume aus, die vom Element Feuer dominiert werden, zum Beispiel durch zur Sonnenseite gelegene Fenster. Hängen Sie einmal so einen Kristall in ein sonniges Fenster und freuen Sie sich an den vielen kleinen bunten Spektren, die über die Wände tanzen! Spüren Sie, wie die Energie des Raumes dadurch angehoben wird und förmlich prickelt?

Klänge

Harmonische Instrumente wie Windspiele, Windskulpturen, Glocken und Musikinstrumente rufen nach dem wohlwollenden Chi. Sie schaffen durch ihren angenehmen Laut neue Möglichkeiten, wenn sie in verschiedenen Bagua-Bereichen wie zum Beispiel „Karriere", „Liebe" oder „Kinder und Kreativität" eingesetzt werden.

Der Ton dieser Instrumente muss allerdings für Ihr Ohr absolut melodisch klingen. Windspiele können himmlisch oder disharmonisch klingen. Wählen Sie solche, die Sie durch Ihren Klang erfreuen.

Musikinstrumente, zu denen Sie eine Neigung verspüren, können in einem Bereich strategisch platziert werden, wenn das Chi angeglichen werden muss. Bambusflöten sind in China ein klassisches Hilfsmittel zur

Bagua-Verbesserung. Sie werden aufgehängt und erhöhen und lenken das Chi. Besonders in Schlafräumen, in denen Deckenbalken „neutralisiert" werden müssen, können zwei am Balken über dem Bett aufgehängte Bambusflöten (das Mundstück soll dabei nach unten weisen) Wunder wirken – vorausgesetzt, Sie empfinden sie als harmonisch und angemessen in Ihrer Wohnung.

Angenehme Musik selbst ist natürlich ebenfalls eine kraftvolle Möglichkeit, das Chi in Ihrer Umgebung zu erhöhen. Stressige Büros und Wohnungen können durch richtige Musik oder Aufnahmen von natürlichen Geräuschen wie dem Meeresrauschen und von Klängen einer „belebten" Wiese oder eines Waldes beruhigt und ausgeglichen werden. Musik bringt in jeden einzelnen Bagua-Bereich positives Chi ein. Entscheiden Sie, welche Musik romantische, kreative oder energische Gedanken und Gefühle in Ihnen erweckt, und setzen Sie sie ein, um die Bagua-Bereiche, mit denen Sie arbeiten, zu verbessern.

Lebende Objekte

Diese Kategorie enthält alles, was regelmäßiger Fürsorge bedarf, zum Beispiel Pflanzen, Blumen und Haustiere. Gesunde Pflanzen und frische Blumen sind potenzielle Träger positiven Chis. Im Feng Shui werden sie in allen Bagua-Bereichen erfolgreich eingesetzt. Bunte Blumen, blühende Pflanzen, Schnittblumen können nach den Bagua-Farben ausgewählt werden, ebenso die Vasen und Übertöpfe. Zum Beispiel kann eine violette Gloxinie in einem blauen Keramiktopf eingesetzt werden, um den Wohlstandsbereich zu beleben. Rote Nelken in einer roten Glasvase verbessern den Bereich „Anerkennung", während ein einfaches weißes Alpenveilchen in einem weißen Körbchen die Energien im Bereich „Kinder und Kreativität" verbessern kann.

Achten Sie bei der Auswahl der Pflanzen auf große, runde „freundliche" Blätter, zum Beispiel Jade und Pothos, oder eine weiche würdevolle Erscheinung wie Ficus und die meisten Palmgattungen. Pflanzen mit bedrohlichen, scharfen oder zugespitzten Blättern sind für die Verbesserung der

Bagua-Bereiche nicht zu empfehlen. Solche Pflanzen sind zum Beispiel die Yucca- und die Sagopalme. Sie werden sie gleich erkennen; es sind diejenigen, die „beißen", wenn Sie sie anfassen. Vergewissern Sie sich, dass jede Pflanze ihren Lichtbedürfnissen entsprechend gestellt wird. Im Allgemeinen kann man sagen, stachelige Kakteen sind nicht empfehlenswert, es sei denn, Sie haben eine sehr positive persönliche Beziehung zu ihnen.

Anstelle lebender Pflanzen können Sie Seiden- und Plastikblumen oder -pflanzen verwenden. Künstliche Pflanzen und Blumen sind bei ungünstigen Lichtverhältnissen oder Pflegeproblemen immer noch die bessere Wahl. Lebend oder nicht, wichtig ist, dass sie gesund und kräftig aussehen. Ungesunde, kümmerliche oder ungepflegte Pflanzen töten das Chi, unabhängig davon, wo sie stehen. Vergewissern Sie sich, dass Sie alle Ihre Bagua-Pflanzen und -Blumen gesund erhalten. Das heißt, entfernen Sie welkende Schnittblumen unverzüglich, entfernen Sie Topfpflanzen, wenn sie krank aussehen oder Ungeziefer haben. Einen Bagua-Bereich als „Krankenhaus" für eine Pflanze zu benützen, ist **nicht** ratsam.

Verbesserungsbedürftige Bagua-Bereiche, die außerhalb Ihres Hauses liegen, können durch eine entsprechende Gartengestaltung harmonisiert werden. Ein wunderschöner Baum, in einer Ecke nicht zu nah beim Haus eingepflanzt, kann ein L-förmiges Gebäude komplettieren. Wenn Sie um diesen Baum Ihren Garten gestalten, wird vitalisierendes Chi in diesen Bereich fließen. Pflanzen und Blumen werden so gewählt, dass sie die Farben und Formen des entsprechenden Bagua-Bereiches, mit dem Sie arbeiten, repräsentieren, zum Beispiel pinkfarbene Rosen im Bereich „Liebe" oder rote Fleißige Lieschen im Bereich „Wohlstand". Ihr Bagua-Garten kann kunterbunt sein. Sie kreieren mit Ihren Farben ein einzigartiges und dynamisches Meisterstück, das Sie, wann immer Sie es ansehen, mit seiner Schönheit und Energie erfüllt.

Pflanzen und Blumen gehören zum Element Holz und werden eingesetzt, um einen Bereich, der von dem Element Erde dominiert wird, auszugleichen – zum Beispiel ein viereckiges Haus mit viereckigen Fenstern, Türen und Möbeln. Viele der westlichen Gebäude sind so gebaut.

Kleintiere brauchen selbstverständlich ebenso wie Pflanzen und Menschen liebevolle Zuwendung und belohnen Sie mit ihrer Vitalität und

ihrer Persönlichkeit. Sogar ältere Haustiere, die in ihren „besten Jahren" sind, verbessern das Chi, wenn sie geliebt und gut gepflegt werden. Ein vernachlässigtes Haustier verringert das Chi und die Umgebung jedoch dramatisch. Achten Sie deshalb auch unter Feng-Shui-Gesichtspunkten unbedingt darauf, dass Sie den Bedürfnissen Ihrer Haustiere nachkommen, auch denen des Hamsters Ihres Kindes, des Fisches im Aquarium und der Katzenbabys.

Wir rufen vitales Chi auch herbei, indem wir – wo es angebracht ist – wilde Vögel füttern. Eine Zufluchtsstätte für Tiere ist eine wunderbare Möglichkeit, um das Bagua des Außenbereiches zu verbessern. Ein einfaches Vogelhaus in einer Stadtwohnung bringt die Natur mit ihrem nährenden Chi in Ihre Nähe und kann eine tägliche Freude sein. Ob wild oder gezähmt, Tiere gehören zum Element Feuer.

Natürliche Gegenstände

Natürliche Gegenstände sind Dinge, die keine aktive Pflege und Zuwendung brauchen, zum Beispiel Steine, Tannenzapfen, getrocknete Blumen, Treibholz, Muscheln, Potpourri-Blüten und Räucherstäbchen. Jedoch nur wenn diese Gegenstände eine wichtige persönliche Bedeutung für Sie haben, sind sie wertvoll und verbessern das Chi in Ihrem Zuhause oder Ihrem Büro. Eine wunderschöne Muschel, die Sie in den Flitterwochen gefunden haben, ist ein perfekter Gegenstand für den Bereich „Liebe und Partnerschaft". Wenn Sie während einer Geschäftspause Samenkörner gesammelt haben, ist dies das Symbol für eine aufsteigende Karriere. Steine in Regenbogenfarben sind Erinnerungen für künstlerischen Ausdruck in dem Bereich „Kinder und Kreativität".

Natürliche Objekte wie Steine, Felsen und Holz können entsprechend dem Bagua auch im Außenbereich eingefügt werden. In China gelten Steine und Felsen als wertvolle Kunstformen und sind je nach Form, Größe und Zeichnung oft so teuer wie Bildhauerarbeiten. Man sagt, sie sind der Bewahrer natürlicher Energie und bringen eine starke Dosis gutes Chi in den Bagua-Bereich, in dem sie platziert sind. Schön geformte Holzstämme, Treibholz oder Äste, schön arrangiert, inspirieren unsere Vorstellungskraft und erhöhen zur gleichen Zeit das Chi. Sie können als Einzelstücke oder in Arrangements in jedem Bagua-Bereich verwendet werden.

Alle natürlichen Gegenstände haben verschiedene Gesichter. Wenn Sie mit ihnen arbeiten, platzieren Sie sie so, dass ihre inspirierende Qualität ins rechte Licht gerückt wird: wie ein Juwel.

Wasserspiele

Wasserspiele im Innen- und Außenbereich bewegen und stimulieren das Chi. Springbrunnen und Wasserfälle haben sowohl eine visuelle als auch akustische Komponente.

Das Geräusch sollte sich für Ihr Ohr „genau richtig" anhören, da, egal ob außen oder innen, schlecht ausgerichtete Springbrunnen bewirken, dass Sie öfters auf die Toilette gehen müssen.

Kleinere Springbrunnen und Wasserfälle im Wohnbereich sind eine exzellente Wahl, um das Chi in jedem einzelnen Bagua-Bereich Ihres Hauses oder Arbeitsplatzes zu harmonisieren, zu erneuern und optimal fließen zu lassen. Sie sind besonders kraftvoll in den Bereichen „Wohlstand" und „Karriere", weil das Element Wasser in direkter Verbindung zum Geldfluss steht. Ein Springbrunnen oder ein Wasserfall, mit Pflanzen, Steinen und anderen natürlichen Gegenständen verziert, kann der Mittelpunkt einer bezaubernden Inneneinrichtung sein.

Wasserspiele sind außerdem ein hervorragendes Mittel, um fehlende Bagua-Bereiche im Außenbereich auszugleichen und das Chi außerhalb Ihres Hauses oder Ihres Büros zu verstärken. Wenn sie dort platziert sind, wo Außenecken oder Außenwände des Gebäudes wären, wenn das Bagua vollständig wäre, dann komplettieren Sie symbolisch das Gebäude und sichern den ständigen Fluss und die Zirkulation des lebendigen Chi. Für das

Gleichgewicht des Gebäudes müssen Wasserspiele im Außenbereich eine entsprechende Größe haben und dem Haus möglichst zugewandt sein. Je größer das Gebäude, desto größer sollten die Wasserspiele sein, um die fehlende Zone auszugleichen. Ein Grundstück mit einer Fläche von etwa 700 Quadratmetern braucht ein Wasserspiel mit einer Größe von mindestens 1,20 Metern Durchmesser.

Wasserspiele im Außenbereich ziehen Tiere an und beleben dadurch zusätzlich das Chi. Auch Urnen, Schalen, Teiche und Vogeltränken, gefüllt mit klarem Wasser verbessern das Chi, vorausgesetzt, deren Größe entspricht dem Gelände und Sie können sich an den Formen erfreuen.

Windspiele

Bunte, verspielte, künstlerische Windspiele oder Gegenstände wie Mobiles, Kreisel, Fahnen, Flaggen und Wetterfahnen erhöhen und beleben ebenfalls das Chi. Im Innenbereich werden sie eingesetzt, um offene große Räume mit hohen Decken auszufüllen. Zum Beispiel lässt eine prächtige purpurfarbene Fahne, die von der Decke über dem Bereich „Wohlstand" hängt, den Bereich dreidimensional wirken und erinnert an Reichtum und Fülle.

Mobiles gibt es in vielen verschiedenen Größen, sie können aus nahezu allem hergestellt werden, einschließlich Kristallen, natürlichen Gegenständen, Metall, Papier und Glas. Ein Kristallmobile über dem Kreativitätsbereich schafft symbolisch neue Ideen und Inspiration. Ein Mobile aus natürlichen Gegenständen im Familienbereich, der auch mit unserer körperlichen Gesundheit in Zusammenhang steht, ist eine Erinnerung an das tiefe Gefühl, das die gesunde Natur uns vermittelt. Ein Mobile aus kunsthandwerklich gestalteten Engeln im Bereich „Freunde und Helfer" erinnert uns an den Segen und die Unterstützung, die andere Menschen in unser Leben einbringen.

Im Außenbereich rufen Windspiele günstiges Chi herbei, lassen es durch ihre Bewegungen und ihre Anmut fließen. Sie ziehen für Büros und in Wohnungen Aufmerksamkeit und positives Chi an und sind unübersehbare Wahrzeichen. Eine Fahnenstange kann die fehlende Ecke eines Gebäudes darstellen und symbolisch die Form des Gebäudes vervollkommnen. Eine ausgestellte Fahne sollte etwas versinnbildlichen, was Sie lieben – Ihr Land, Ihre Farben, Ihre besonderen Interessen, Ihr Symbol oder Ihr Logo.

Kreisel und Fahnen, die außen von Decken, Lauben oder Dachvorsprüngen hängen, erhöhen auf die gleiche Weise das Chi und verbessern die betreffenden Bagua-Bereiche des Gebäudes.

Kunst

Verschiedenste Kunstgegenstände wie Gemälde, Skulpturen, Collagen und Stoffe üben eine große Wirkung auf Menschen aus. Die allgemeine Regel lautet, um das Chi in verschiedenen Bagua-Bereichen zu bewahren und ganz allgemein zu verbessern, muss Kunst positive Bilder und Gefühle hervorrufen, die mit dem Bereich in Verbindung stehen, den Sie verbessern wollen, zum Beispiel wird romantische Kunst am sinnvollsten im Bereich „Liebe" platziert; Kunstgegenstände, die Kraft und Dynamik ausdrücken, gehören in die Bereiche „Karriere", „Wohlstand" und „Anerkennung"; beruhigende Kunstgegenstände verbessern das Bagua im Familienbereich; Kunst, die inspiriert, passt in die Bereiche für „Wissen und Weiterbildung" und „Freunde und Helfer"; verspielte, farbenfrohe Kunstgegenstände verbessern die Bereiche „Kinder und Kreativität".

Wenn Sie einen Kunstgegenstand auswählen, um einen Bagua-Bereich zu verbessern, suchen Sie sich etwas aus, das wirklich zu Ihnen „spricht". Ist der Kunstgegenstand für einen Raum gedacht, der von mehreren Menschen geteilt wird, sollten Sie sich vergewissern, dass jeder diesen Gegenstand mag. Idealerweise zeigt dieser Kunstgegenstand ganze Bilder und gefällige Farben und vermittelt Ihnen immer, wenn Sie ihn ansehen, ein angenehmes Gefühl. Gewalttätige, grausame oder traurig stimmende Gegenstände sind eine schlechte Wahl, um das Bagua zu verbessern. Beachten Sie besonders die Kunstgegenstände, die Sie gegenwärtig in den Bagua-Bereichen, die Sie verbessern möchten, haben. Wenn Sie glauben, dass diese nicht **genau** und auf angenehme Weise Ihre Ziele und Wünsche ausdrücken, ersetzen Sie sie durch Kunst, die diese Anforderung erfüllt.

In einem Fall entdeckte ein Paar, dass sie ein Gemälde einer traurig blickenden Frau, die alleine an einem Tisch sitzt, im Bereich „Liebe und Partnerschaft" aufgehängt hatten. Die Frau beschwerte sich ständig, dass sie viel zu viel Zeit damit verbringt, auf ihren Mann zu warten, bis er von der Arbeit kommt …

Denken Sie daran: Es ist besser, überhaupt keine Kunst bei sich zu haben als Kunst, die Ihr Herz nicht anrührt und erfreut.

Im Außenbereich stabilisieren und untermauern Kunst und Skulpturen das Chi durch ihr Gewicht und Ihre Präsenz. Je aussagekräftiger die Kunstgegenstände sind, desto mehr gleichen sie das Chi des Gebäudes aus. Abhängig von ihrer Größe und ihrer Position übermitteln Kunstgegenstände und Skulpturen im Außenbereich eine starke Nachricht an diejenigen, die sie anschauen. Ein gutes Beispiel hierfür ist die Freiheitsstatue, die am Eingang des New Yorker Hafens steht und Menschen willkommen heißt.

Überlegen Sie sich, ob Sie sich nicht Ihre eigenen Kunstgegenstände schaffen möchten. Sie könnten Bilder und Symbole Ihrer idealen Partner, Karriere, Familie, Gesundheit oder Ihres Wohlstands sammeln und eine Collage herstellen. Wenn Sie dies tun, sammeln Sie damit sprichwörtlich das Chi, um Ihr Leben zu verbessern. Zeichnen Sie, malen Sie, weben Sie, bauen Sie, formen Sie Bilder, die Ihre Ideale symbolisieren. Welche Farbe ist Ihr Ruf und Ihre Anerkennung von außen? Welche Form ist Ihr Wissen? Welches Bild ist Ihre Karriere? Wenn Sie eigene Kunst schaffen, lassen Sie eine sehr persönliche Saite in sich klingen, um ein bestimmtes Ergebnis zu erreichen. Ihr Chi formt sprichwörtlich den Kunstgegenstand, um Ihr Leben danach zu verbessern. Durch diesen Prozess werden oft kraftvolle Ergebnisse erzielt, denn es ist dabei immer gewährleistet, dass Sie eine starke Verbindung zu dem Kunstwerk haben.

Spirituelle Symbole, die für Sie persönlich von Bedeutung sind, können ebenfalls stark, anziehend, erhebend und belebend wirken. Sie vitalisieren und beleben das Chi. Spirituelle oder religiöse Symbole sind nicht nur Bilder von Engeln, Heiligen, großen Lehrern, Göttern, Göttinnen und mystische Symbole, Bücher wie die Bibel, der Koran und die Upanishadens, außerdem Formen wie ein Kreuz, ein Stern oder das Sri Yantra – es kann für

Sie auch etwas völlig anderes ein Symbol Ihrer Spiritualität sein. Auch hier ist der Schlüssel, dass diese Symbole eine **persönliche** inspirierende Bedeutung für Sie haben. Platzieren Sie diese Figuren oder Bilder in den Bagua-Bereichen, in denen Sie Hilfe benötigen. Die Bereiche „Freunde und Helfer" und „Wissen und Weiterbildung" stehen oft im direkten Bezug zu spiritueller Entwicklung und Unterstützung und können durch einen kleinen Engel, eine religiöse Figur oder einen ganzen Altar, auf dem mehrere für Sie bedeutungsvolle Stücke liegen, gestärkt und harmonisiert werden.

Nachwort

Da Feng Shui in den letzten Jahren einen wahren Boom in Europa erlebt hat, gibt es mittlerweile in fast jeder größeren Stadt Feng-Shui-Berater, -Zentren und -Geschäfte. Hier einzelne herauszugreifen, hieße für einige Werbung zu machen und andere auszugrenzen. Unglücklicherweise ist der Titel Feng-Shui-Berater nicht geschützt, sodass sich in der Szene auch eine Reihe von Scharlatanen tummelt.

Ich empfehle Ihnen daher: Versuchen Sie es zunächst selbst nach den in diesem Buch erläuterten Tipps und Regeln. Vertrauen Sie Ihrer Intuition! Sie wissen selbst am besten, was Ihnen gut tut! Besorgen Sie sich eventuell noch weitere Ratgeber, wenn Sie noch tiefer in die Lehre des Feng Shui einsteigen möchten.

Wenn Sie dennoch den Gang zum „Fachmann" wagen wollen: Hören Sie sich zunächst bei Freunden und Bekannten um. Vielleicht hat ja einer bereits positive Erfahrungen mit einem Feng-Shui-Spezialisten gesammelt. Die Honorare für eine Beratung liegen derzeit bei rund zehn Mark pro Quadratmeter für Privaträume und 15 Mark für gewerbliche Räume. Dazu kommen die Kosten für die jeweiligen Veränderungen.

Aber, wie gesagt: Wagen Sie es ruhig selbst! Sie sind es ja auch, der in der Wohnung glücklich sein will. Und denken Sie dabei an die Empfehlung des Feng-Shui-Meisters Lam Kam Chuen: „Wenn Sie etwas sehen und verändern können, dann tun Sie das; wenn Sie aus irgendeinem Grund nichts verändern können, streichen Sie es aus Ihrem Gedächtnis."

Das Horoskop der Druiden

Von C. Ludwig – 144 S., kartoniert
ISBN: 3-635-**60335**-X
Preis: DM 16,90

Das Horoskop der keltischen Druiden ist eine Verbindung aus Naturhoroskop und praktischer Psychologie, das die Menschen mit Bäumen vergleicht. Dieser Ratgeber verrät Ihnen, welchem Baum Sie ähneln und wie Sie Ihre Potentiale besser nutzen können.

Pendeln

Von N. Schreiber – 112 S., kartoniert
ISBN: 3-635-**60332**-5
Preis: DM 12,90

Pendeln kann ein faszinierendes Werkzeug für die Bewältigung des Alltags sein. Dieses Buch gibt Anleitung für eine intuitive Nutzung des magischen Pendelns, sei es zur Selbsterkenntnis oder für konkrete Probleme.

Lexikon der Esoterik

Von W. Bogun, N. Straet – 304 S., kartoniert
ISBN: 3-635-**60430**-5
Preis: DM 19,90

Endlich Antworten auf über 700 Fragen zu klassischen und aktuellen esoterische Themen. Dieses Lexikon bietet eine Fülle von Wissen zu Esoterik, Astrologie, Spiritualität und Ganzheitsmedizin.

Nostradamus – Prophezeiungen für das 21. Jahrhundert

Von M. Dimde – 160 S., kartoniert
ISBN: 3-635-**60437**-2
Preis: DM 16,90

Was erwartet die Menschheit nach der Jahrtausendwende? Der Nostradamus-Experte Manfred Dimde entschlüsselt mit seinem Decodierungssystem die geheimen Botschaften des berühmten Visionärs und Astrologen aus dem 16. Jahrhundert. Die neuesten Erkenntnisse über die Vorhersage zu Lebensqualität, Wohlstand, Krieg und Frieden u.a. weisen auf den Beginn einer neuen Zivilisation im 21. Jahrhundert hin.

Unerklärlich!

Von J. Clark – 224 S., kartoniert
ISBN: 3-635-**68006**-0
Preis: DM 29,90

Geisterlichter, UFOs und Riesenkraken: Es gibt sie doch, die unerklärlichen Phänomene. Ein bestinformierter Wissenschaftle erläutert Erklärungsversuche für mysteriö Beobachtungen.

Die Kunst, in Gesichtern zu lesen

Von C. An Kuei – 160 S., kartoniert
ISBN: 3-635-**68020**-6
Preis: DM 24,90

Der entlarvende Blick, wer möchte den nicht beherrschen? Dieser Ratgeber gibt tiefe „Einblicke" in die chinesische Gesichtlesekunst Siang mien und zeigt, w man einzelne Gesichtsmerkmale deuten kann.